I0480772

AUMENTAR O TRIBUTO REDUZ O CONSUMO?

CONSUMO?

ANÁLISE DE (IN)VIABILIDADE

Agência Brasileira do ISBN
ISBN 978-65-900534-0-4

9 786590 053404

AGRADECIMENTO

Inicialmente e acima de todos agradeço aos meus pais, Robério e Linda, os quais sempre me promoveram auxílio de toda a espécie. Ao meu irmão Ângelo que sempre age com irmandade, às minhas sobrinhas Sarah e Raquel. *In memoriam* ao meu avô paterno, Domingos de Araújo Moreira.

Agradeço a minha orientadora, Prof.ª Denise Lucena, que guiou esse trabalho, juntamente com o Professor Fábio de Holanda, que iniciou esse estudo. Agradeço a todos os professores do curso de mestrado da UNI7 na figura do Professor João Luis. E por fim agradeço a todos os amigos que formei nessa caminhada.

Agradeço ao leitor e o parabenizo não apenas pelo tempo desprendido na leitura do meu trabalho, mas pelo interesse acerca do tema.

Armando Moreira

Wyrd bi∂ ful ãræd

ÍNDICE

INTRODUÇÃO. 01

1 DA FUNÇÃO DO TRIBUTO. 07

1.1 A FUNÇÃO PROMOCIONAL DO DIREITO. 12

1.2 A FUNÇÃO EXTRAFISCAL DO TRIBUTO. 15

1.2.1 A seletividade. 21

1.2.2 O paternalismo liberal. 23

1.2.3 As ferramentas da tributação extrafiscal. 30

1.2.4 Efeito econômico da extrafiscalidade. 32

1.2.4.1 O tributo na produção empresarial. 33

1.2.4.2 A interferência direta no consumidor. 41

2 A DELIMITAÇÃO DO SISTEMA JURÍDICO-ECONÔMICO. 49

2.1 O TRIBUTO NO ESTADO DEMOCRÁTICO DE DIREITO. 50

2.1.1 A neutralidade do conceito do modo de vida bom. . . 50

2.1.2 O mercado como solução. 57

2.1.3 A possibilidade de intervenção. 60

2.1.4 A tributação e a responsabilização. **64**

2.2 A DAS DEMAIS LIMITAÇÃO AO LEGISLADOR. . . . 69

2.2.1 Dos princípios da extrafiscalidade no consumo. **70**

2.2.1.1 O não confisco. *71*

2.2.1.2 Progressividade. *73*

2.2.1.3 Equivalência. *74*

2.2.2 A aplicação da proporcionalidade. **78**

3 CONSUMO E ANÁLISE COMPORTAMENTAL. **84**

3.1 O ESTADO DO HIPERCONSUMIDOR E DO SUPERCAPITALISMO. 85

3.2 FATORES DE INFLUÊNCIA. .90

3.2.1 Fatores sociais. **92**

3.2.2 Fatores pessoais. **97**

3.3 FENÔMENOS DO CONSUMO. 99

3.3.1 Hábito. **100**

3.3.2 Inércia. **105**

3.3.3 *Feedback*. **106**

3.3.4 Filtragem colaborativa. **110**

3.3. 5 Mensagem subliminar e percepção inconsciente. . . .**112**

3.3. 6 Recompensa imediata. **117**

4 REFLEXOS DO PREÇO NO CONSUMO. **119**

4.1 CIGARRO. 120

4.2 ÁLCOOL. 128

4.3 *FAT TAX*. 134

CONCLUSÃO. **148**

REFERÊNCIAS BIBLIOGRÁFICAS. **152**

1

INTRODUÇÃO

O presente estudo do tema da intervenção estatal para a alteração do consumo por meio da elevação do custo tributário, se problematiza com os seguintes fatos, que podem ser tidos como exemplos, sendo o primeiro, a publicação no site de notícias do G1 que trazia a informação de pesquisadores da Universidade de São Paulo (USP) estarem propondo a taxação progressiva de alimentos com altos teores de gorduras saturadas, como forma de melhorar a saúde da população, pois o hábito de consumo desses alimentos é tido pelos especialistas como causadores de sérios problemas de obesidade. Outro exemplo é a existência de reportagens de televisão e de jornal indicando como causa da redução percentual de fumantes, a elevação tributária sobre os derivados de tabaco, como o cigarro, charuto etc., tudo com a argumentação de reduzir o consumo pela elevação do preço, que foi artificialmente estabelecido pelo tributo.

Fatos que delimitam o objeto do presente trabalho, especificando o estudo em busca de analisar a existência de viabilidade da elevação dos preços por meio do custo tributário, para provocar a alteração do consumo. Excluindo do estudo, o movimento inverso, que é a redução dos tributos, com aplicação de isenções e imunidades a determinados produtos, que se busca incentivar, tal diferenciação é realizada, pois, apesar do efeito final ser aparentemente similar, existe grande diferença na teoria que lhe fundamenta e o incômodo que gerou o presente trabalho é reduzido ou extinto (a existência do tributo e sua majoração).

Portanto, segue-se a linha de apresentar as vias devidas de aplicação das normas tributárias, para que haja o melhor desenvolvimento econômico, social e de respeito aos direitos individuais, buscando efetividade, sem que existam distorções econômicas indesejadas. Pois, o tributo é uma figura presente na história do homem em sociedade, interferindo no dia a dia da população e como a sociedade se modificou, o instituto do tributo o acompanhou.

A problematização do presente trabalho se inicia pelo entendimento de que a função base do tributo é arrecadar e durante muito tempo teve essa função, mas começou a ser utilizado para intervir no custo de determinadas atividades, com as mais diversas justificativas como de proteção do meio ambiente, passando pela reparação de externalidades sofridas, até a proteção da economia local.

Mas o nível de intervenção possível é constantemente alterado, de acordo com o sistema jurídico, governamental e ideológico estabelecido na sociedade. Sendo que a atual sociedade, que normalmente se denomina como um estado democrático de direito, também tem suas próprias diretrizes para o tributo, que hoje não possui clareza, pois somente de forma historicamente recente se adotou essa nova espécie de Estado. A qual pode ser compreendida após a análise de um processo de tese, antítese e síntese, sendo esses elementos respectivamente o Estado liberal, o Estado social e o Estado democrático de direito.

O Estado liberal se caracteriza pela adoção da autonomia individual como elemento norteador, que o governante e a tributação deveriam ter interferência mínima na vida individual, esse modelo gerou grande desenvolvimento econômico e crescimento das liberdades individuais, mas gerou grandes problemas sociais de desigualdades e parcas condições de trabalho. Esses problemas incorreram no estabelecimento do Estado social, que possui o fim de trazer o bem-estar social para todos, isso ao custo de alta tributação e regulação, contudo, também gerou vários problemas, dentre os quais o surgimento de governos totalitários e supressão da vontade individual por uma coletiva.

Do choque entre esses dois sistemas, decorreu no Estado democrático de direito, o qual se vivencia, que possui como características a defesa da autonomia individual, mas não tão exacerbada como no sistema liberal para que se possa garantir a defesa de direitos sociais básicos. Quanto aos ditames da tributação, ainda há de se firmar os seus elementos norteadores, pois ainda nos confrontamos com fundamentos da tributação do Estado social.

Perante essa problemática, há o questionamento, se a elevação do preço de forma artificial pelo tributo, gera efeito no consumidor ao ponto de ser declarada efetiva quando aplicada de forma isolada. E se há outros meios de influência mais efetivos e menos danosos, como publicidade, conscientização ou exposição da realidade.

Em face disso se questiona qual efetividade e viabilidade para com o sistema jurídico-econômico atual da elevação tributária como instrumento de alteração no consumo? E para obter essa resposta, outras três devem ser respondidas anteriormente, sendo a primeira, se o tributo é meio jurídico-econômico possível de influência do consumidor? Possivelmente a resposta para esse questionamento é que o tributo tem natureza arrecadadora e dificilmente ele perde essa imagem, o que por si só descaracteriza sua legitimidade na utilização em diversas vezes. Mas há uma questão anterior ao meio de intervenção, que é a intervenção em si, pois no Estado democrático de direito o intervencionismo estatal deve ser restringido de tal forma, que se limite às questões essenciais e com efetividade satisfatória. Posto isso, e estabelecendo o entendimento que o ato de tributar é tão grave e deve possuir igual fiscalização quanto a aplicação do direito penal e considerando que a tributação não seja efetiva. É incongruente a utilização de um ato de elevado dano, que tem uma efetividade baixa ou inexistente.

O segundo questionamento se refere a quais as limitações jurídicas que o tributo possui ao influenciar o consumo? A resposta inicial é que no Estado democrático de direito há a máxima de neutralidade acerca do conceito do que é "viver bem", devendo comportar todas as possibilidades de escolhas possíveis, a priori, devendo o estado conceder por meio de ações positivas ou negativas a possibilidade de cada pessoa buscar sua forma de viver bem. Devendo haver apenas a interferência estatal quanto as externalidades negativas que incidem sobre a sociedade. Sendo essas externalidades o limitador de interferência estatal, a qual deve ser proporcional, ou seja, deve ser utilizado o meio menos gravoso, mais efetivo e ao ponto de que o dano causado (tributo) não seja maior que o dano inicialmente combatido.

A terceira e última pergunta a ser realizada é se o aumento do preço pelo tributo é meio efetivo de interferência no consumo? Provavelmente o aumento do preço pelo tributo não altera o desejo do consumidor, ele somente se torna um fator, dentre vários existentes, se restringindo ao local em que o tributo tem aplicação. No nível empresarial, durante a produção é um fator de interferência quando da locação de recursos, podendo, na perspectiva mais otimista, de que um produto específico seja reduzido em qualidade, mas há a tendência de o mau indesejado continuar existindo, pois no consumo de bebidas alcoólicas o consumidor passaria de um bom vinho para a bebida mais barata e de má qualidade. Havendo apenas interferência no consumo de forma efetiva, quando realizadas políticas de conscientização, propagandas e demais atos que influenciam o consumidor, posto essa afirmação se vislumbraria que o aumento de preços por meio de tributos é quase ou totalmente inefetivo, para a alteração do hábito de consumo.

Por esses motivos, de ordem econômica, de grande importância para a atividade empresarial, gestão governamental e liberdade individual é que o presente trabalho se faz importante ao desenvolver o estudo que aperfeiçoa as práticas estatais, beneficia a atividade empresarial e a livre iniciativa com a análise que se fará utilizando de elementos jurídicos e para fundamentar sua aplicabilidade, se utilizará elementos da economia, economia comportamental e neuromarketing.

Para a realização do presente trabalho e para responder esses questionamentos e verificar se essas propostas são verdadeiras, será necessário realizar uma abordagem metodológica realizando uma análise comportamental do Direito e Economia, que se utiliza dos métodos indutivo, dialético e sistêmico auxiliados pelo método histórico, pois será feito um levantamento histórico dos elementos de forma mais ampla, para depois especificar o assunto, a iniciar a análise dos teóricos clássicos na busca de apresentar e analisar a origem do Estado atual, o fundamento que os rege e suas funções até os teóricos atuais, se coadunando com a tese de doutorado de

Natércia Sampaio e elegendo Jonh Rawls e Ronald Dworkin como base do paradigma, para determinar as funções do Estado e seu limite de ação, de forma específica a neutralidade estatal do conceito de viver bem, passando a apresentar o tributo e suas finalidades para além das fiscais. Realizando a análise economia, sendo os autores que se ressaltam são Adam Smith e F. A. Hayek, os quais corroboram com a ideia de que o mercado é o melhor meio de representar o conjunto das vontades individuais. Quanto a intervenção tributária o autor base é Ronald Coase e a exposição da atual situação acerca do mercado globalizado é a apresentada por Robert B. Reich e Lipovetsky.

Em busca de investigar a viabilidade da interferência no consumo pelo tributo sobre os aspectos jurídicos e econômicos o trabalho seguirá a seguinte estrutura: serão, inicialmente, compiladas no capítulo 01, as formas possíveis de intervenção tributária, momento que se destina a apresentar o instrumento utilizado para intervenção no consumidor (o tributo), realizando uma apresentação doutrinária das funções do tributo, os aspectos que fundamentam sua extrafiscalidade, que se apresenta na forma de majoração. E por fim, demonstrando o resultado que são gerados na produção empresarial, para que possa separar os tributos que influenciam as empresas e os consumidores.

Posteriormente, no capítulo 02, se analisará as possibilidades jurídicas de utilização da matéria tributária para interferir no consumo, apresentando a (de)limitação existente para a aplicação da função extrafiscal, para isso, se realizará primeiro uma decorrência dos aspectos de nível de interferência na liberdade individual conjuntamente com o fundamento do Estado democrático de direito, no qual será posto seu elemento do nível de interferência possível na autonomia individual pelo Estado. Em seguida, apresentará os elementos específicos que limitam a tributação, tendo como elemento mais importante à proporcionalidade, pois este será aplicado como teste para observar se o tributo foi eficaz e se ele será mantido.

Já no capítulo 03, serão elencados os elementos sociais e pessoais que interferem no consumo, nesse momento, serão apresentados os fenômenos existentes que influenciam a escolha do consumidor e em que nível cada uma atua em relação a escolha da espécie do produto, na qualidade e na quantidade. Sendo ao final, já no capítulo 04, sopesado os dados obtidos quanto à influência dos tributos no consumo, havendo um levantamento estatístico e de cálculo de viabilidade econômica acerca de alguns objetos de consumo que foram escolhidos, pois são os usualmente indicados para ter sua utilização fomentada ou reduzida. Analisando os dados existentes em busca de identificar ao final se a elevação do tributo tem influência para alterar o consumo.

7

1 DA FUNÇÃO DO TRIBUTO

Inicialmente, antes de estabelecer a função de um objeto, deve-se estabelecer qual é o objeto a ser analisado, portanto, antes de apresentar a função do tributo se faz necessário estabelecer uma conceituação. Durante o decorrer do tempo, vários elementos conceituais foram aderidos ao tributo, sendo atualmente representada como a obrigação imposta de forma como uma "prestação pecuniária, unilateral, definitiva e coactiva, exigida de detentores de capacidade contributiva a favor de entidades que exerçam funções públicas com vista à realização de fins públicos não sancionatórios."[1] Ditames que estão inseridos no Código Tributário Nacional em seu artigo 3º, ao estabelecer que o "Tributo é toda prestação pecuniária compulsória, em moeda ou cujo valor nela se possa exprimir, que não constitua sanção de ato ilícito, instituída em lei e cobrada mediante atividade administrativa plenamente vinculada."

A conceituação apresentada está repleta de elementos caracterizadores, dos quais se sobressaem os seguintes: "prestação pecuniária" indica que apenas o patrimônio da pessoa será atingido de forma que não estará forçado a praticar nenhum ato e a parcela atingida do patrimônio não é específica, podendo qualquer coisa ser convertida em dinheiro; "com vista à realização de fins públicos" refere-se à destinação que o tributo deve possuir ao ser adquirido pelo Estado; "não sancionatórios" indica a impossibilidade do tributo possuir elementos punitivos e o principal elemento extraído desse conceito é a característica principal do tributo e sua primeira função, que é um modo de obtenção de recursos, é a expropriação do patrimônio para ser revertido em prol de terceiro, durante a história, essa figura

---

[1] NABAIS, José Casalta. **O dever fundamental de pagar impostos**. Coimbra: Almedina, 1998, p. 681.

beneficiária foi chefes tribais, reis, imperadores e recentemente é a figura do Estado despersonificado.

Portanto, "o Estado supre-se das economias privadas a fim de atender às carências públicas"[2]. E quando o principal, se não único, meio de financiamento estatal for o tributo, esse será classificado como Estado fiscal[3], sendo a teoria foi desenvolvida juntamente com o próprio sistema constitucional, a qual estabelece o seu financiamento, preferencialmente de forma integral, por meio dos tributos, estabelecendo uma correlação sinalagmática da prestação dos serviços públicos pelo Estado e o pagamento dos tributos pelos contribuintes.

Em face de o tributo ser a principal forma de patrocínio do Estado fiscal, a prestação tributária passou a ser um dever fundamental do cidadão, como indicado na obra de José Nabais[4], como sendo um dever imputado a todos, respeitando a possibilidade proporcional às suas capacidades contributivas para financiar o Estado em todos os seus atos. Recaindo todo o custo financeiro sobre as pessoas ao ponto do Estado não necessitar desenvolver nenhuma atividade em busca de complementar seus gastos, atingindo a real finalidade, que é o não envolvimento e interferência do Estado nas atividades econômicas, o que permite o desenvolvimento de uma sociedade civilizada e a promoção da liberdade individual, pois o mercado é o principal meio do indivíduo satisfazer seus desejos.

Portanto, a função arrecadatória dos tributos é de suma importância para o financiamento e manutenção estatal, sendo assim, os entes públicos tendem a tributar dos fatos possíveis, sendo os principais: o patrimônio, renda e o consumo. Contudo, a tributação incidente diretamente sobre o patrimônio e os rendimentos, colocavam o contribuinte em choque direto para com o fisco, pois o contribuinte fica ciente do quanto há de reverter para o Estado e esse valor fica explícito. Em contraste,

---

[2] QUIROGA, Roberto. Tributação e política fiscal. In: **Segurança jurídica na tributação e estado de direito**. São Paulo: Noeses, 2005, p.560.
[3] CORREIA NETO, Celso de Barros. **O avesso do tributo**: incentivos e renúncias fiscais no direito brasileiro, Tese apresentada à Faculdade de Direito da universidade de São Paulo, 2012, p.68.
[4] NABAIS, José Casalta 1998. Op. cit., p. 186.

os impostos sobre o consumo eram aqueles que os povos menos sentiam, porque não são exigidos formalmente, porque podem ser "tão sabiamente cobrados que o povo quase ignorará que os paga - aquele que vende a mercadoria sabe que não está a pagar por ele, e o comprador que no fundo o está a pagar, confunde-o com o preço"[5].

Dessa forma, há uma preferência pela cobrança de tributos por meio do consumo, pois facilita a arrecadação e não se depara com a animosidade possível por parte do contribuinte, as vantagens são tamanhas que há uma evolução no quanto é arrecadado por meio da tributação sobre o consumo, análise que é possível observar na passagem dos séculos:

> [...] no período de 1676-80, a tributação alfandegária respondia por 38% da receita pública, a *excise* por 31%, e os impostos diretos por 18% apenas. Cem anos mais tarde, no preciso momento em que Adam Smith publica *A Riqueza das Nações*, os valores seriam de 22%, 48% e 20% respectivamente. E note-se-a tributação do tabaco originava 3,1% da receita pública, o chá 3,6%, o açúcar 7,3%, as bebidas destiladas 14,1% e a cerveja nada menos que 19,7%.[6]

Como se observa, há uma alta arrecadação com tributos no consumo, o que demonstra sua extrema importância, tanto que na Prússia em 1818[7] houve a tentativa de abolir a tributação do consumo de mais de 2.800 produtos, mas "[...] por razões orçamentais, não se podia transformar o mundo do comércio num mundo sem impostos, trocar o estorvo dos direitos aduaneiros pela comodidade relativa das *accises*[8] não parecia má solução,"[9] sendo essa afirmação, uma verdade válida até os dias atuais.

---

[5] VASQUES, Sérgio; PEREIRA, Tânia Carvalhais. **Impostos especiais de consumo**. Coimbra: Almedina, 2016, p.25.
[6] Ibidem., p. 30 e 31.
[7] Ibidem., p.37.
[8] A nomenclatura *"accises"* é aplicada em Portugal, referindo-se aos tributos estabelecidos sobre o consumidor.
[9] VASQUES, 2016. Op. cit., p. 37.

Essa propensão de arrecadação dos tributos sobre o consumo é estabelecida como vantajosa para o Estado, também, pelos baixos custos que o fisco tem ao realizar a arrecadação, pois concentra a cobrança no comerciante ou, de forma mais efetiva e concentrada, que é no início da cadeia de produção por meio da substituição tributária, atingindo toda a população sem conhecimento do ato tributário, pois se encontra totalmente afastada do contato direto com o cobrador de impostos:

> Na tributação seletiva do consumo, a chave para a diminuição dos custos da administração está em empurrar a liquidação do imposto para o topo do circuito econômico, em deslocá-la do retalhista para o produtor ou para grossistas-depositários, e, naturalmente, em estimular a diminuição do seu número. [...] É isto precisamente o que se afirma no Relatório da Comissão para a Reorganização dos Serviços Aduaneiros de 1998: os impostos gerais de consumo são impostos que geram receitas elevadas e necessitam de estruturas administrativas de controle relativamente reduzidas, nomeadamente o imposto sobre os tabacos e o imposto sobre os produtos petrolíferos, dado o pequeno número de operadores e de entrepostos fiscais.[10]

Essa preferência pelos tributos que incidem sobre o consumo, ganha mais um incentivo, que é a complexidade e difícil arrecadação da tributação sobre a renda, como indica Sergio Vasques[11], afirmação que é comprovada por dados apresentados pela Organização para a Cooperação e Desenvolvimento Econômico (OCDE), nos países europeus, nos quais há uma preferência pelo Imposto sobre o Valor Agregado (IVA), que é o tributo aplicado direto ao consumidor, o qual no período de 1990 até 2010 teve em média um crescimento de 18,1% para 20,5% na arrecadação, enquanto, no mesmo período, a tributação incidente sobre os rendimentos pessoais caiu de 29,4% para 24%, redução que foi motivada pela complexidade dos tributos sobre a renda, que estavam repletos de isenções, benefícios e beneficies personificadas.

---

[10] Ibidem., p 59 e 60.
[11] Ibidem., p. 49 e 50.

Contudo, o motivo de buscar excluir o tributo dos bens de consumo é que esses trazem consequências para o sistema econômico, do qual o Estado deveria se abster e permanecer neutro, sendo essa uma das bases do Estado fiscal:

> No que se refere à neutralidade, o termo traz no étimo opção político-ideológica clara: o tributo, tanto quanto possível, não deve interferir no processo de trocas econômicas. Mas, ao mesmo tempo em que aponta essa diretriz de estruturação do sistema fiscal, a ideia de extrafiscalidade sugere também que o tributo pode ir além e, de fato, alterar o curso dos acontecimentos sobre os quais incide. Isto é, a atividade tributária, mesmo que não deva, sempre pode fazer – para o bem ou para o mal – mais do que apenas prover os cofres públicos.[12]

Mesmo em face da neutralidade econômica devida por parte dos entes tributantes, cria na aplicação do tributo por si só, mesmo não havendo a intenção, a existência de reflexos sociais, econômicos e políticos, pois "todos os tributos possuem um efeitos extrafiscal, alguns em maior e outros em menor grau, contudo, todos eles produzem consequências sobre a tomada de decisão dos agentes econômicos, induzindo ou repelindo condutas."[13] Interferência que pode ser desejada e quando a tributação é aplicada com a intenção primária de seus efeitos para além da fiscal, esses tributos são classificações como função extrafiscal, fim que normalmente é utilizado para interferir nas escolhas individuais, configurando "Estado extrafiscal. Neste sentido, mas só neste preciso sentido, podemos dizer que este tipo de imposto constituiu a expressão fiscal do absolutismo."[14]

À vista disso o tributo possui duas funções, a primeira que deve ser a principal é a função fiscal e consequentemente possui uma função extrafiscal, mas antes de aprofundar o estudo acerca

---

[12] CORREIA NETO, 2012. Op. Cit., p.62.e 63.
[13] CALIENDO, Paulo. Tributação e ordem econômica: os tributos podem ser utilizados como instrumentos de indução econômica? In: **Rev. direitos fundam. democ.**, v. 20, n. 20, p. 193-234, jul./dez. 2016, p. 206.
[14] VASQUES. 2016; Op. cit., p. 28.

dessa capacidade de intervenção nos atos individuais por meio da tributação, o tópico a seguir se destina a identificar se o Direito possui essa qualidade intervencionista.

1.1 A FUNÇÃO PROMOCIONAL DO DIREITO

Inicialmente, o Direito tem reconhecida as funções protetora e repressiva, como algo incontestável, principalmente pela aplicação do direito penal, mas com o Estado social e com o advento do paternalismo, o qual passa a conduzir e fomentar determinados atos pessoais, o Direito se ver obrigado "a abandonar a imagem tradicional do Direito como ordenamento protetor-repressivo. Ao lado dessa, uma nova imagem toma forma: a do ordenamento jurídico como ordenamento com função promocional."[15]

Nos ditames de Norberto Bobbio[16], o direito passa a possuir a função promocional, posto haver do Estado a necessidade de realizar determinados atos assistencialistas, não se limitando a função repressora e protetiva, ele busca a instalação de novas práticas que atinjam o bem-estar social.

A constatação dessa função promocional pode ser observada em diversas legislações, tomemos como exemplo a Itália:

> [...] como a atual constituição italiana. Nas constituições liberais clássicas, a principal função do Estado parece ser a de tutelar (ou garantir). Nas constituições pós-liberais, ao lado da função de tutela ou garantia, aparece, cada vez com maior frequência, a função de promover. Segundo a constituição italiana, a República "promove as condições que tomam efetivo" o direito ao trabalho (art. 4º, parágrafo 1º); "promove as autonomias locais" (art. 5o); "promove o desenvolvimento da cultura" (art. 9º. parágrafo 1º); "promove e favorece os acordos e as organizações internacionais voltados a afirmar e regular os direitos do trabalho" (art. 35. parágrafo 3º):

---

[15] BOBBIO, Norberto. **Da estrutura à função**: novos estudos de teoria do direito: tradução de Daniela Beccaccia Versiani. Barueri, São Paulo: Manole, 2007, p.13.
[16] Ibidem., p. 24.

"promove e favorece a ampliação" da cooperação (art. 45, parágrafo 1 °). Além disso. "facilita. com medidas econômicas e outras providências, a formação da família" (art. 31, parágrafo 1º); 'dispõe de medidas em favor das zonas de montanha" (art. 44, parágrafo 2º); "encoraja e tutela a poupança" (art. 47. parágrafo 1º); "favorece o acesso da poupança popular à propriedade, etc." (art. 47. parágrafo 2°).[17]

Na Constituição Italiana é evidente a função de promover determinados interesses que seriam da sociedade, essa característica está presente em vários outros sistemas jurídicos, em Portugal[18], a função promocional também está presente na Constituição da República quando na correção de externalidades negativas, fomentando as positivas como forma de compensação, concedendo benefícios às cooperativas, benefícios fiscais e financeiros (artigo 85°), auxiliar as pequenas e médias empresas (artigos 86° e 100°), desenvolver a tecnologia e fomentar a pesquisa (artigo 73°) e promovendo o desenvolvimento de atividades físicas e o desporto (artigo 79°). Dentre todas se ressalta a presente no artigo 66°, determinando ao Estado, por meio de política fiscal compatibilize o "desenvolvimento com proteção do ambiente e qualidade de vida" (alínea h), sendo essa compatibilização para com as questões de proteção do meio ambiente.

Vejamos na Constituição Brasileira, a função promocional está presente em diversas passagens, como a promoção do bem de todos (art.3º, IV, CF), defesa do consumidor (art. 5º, XXXII, CF), promoção de atos contra calamidades públicas (art. 21°, XVIII, CF), promover programas de construção de moradias e a melhoria das condições habitacionais e de saneamento básico (art.23º, IX, CF), concessão de incentivos fiscais destinados a promover o equilíbrio do desenvolvimento socioeconômico entre as diferentes regiões do País (art. 151, I, CF), entre outras dezenas de exemplos que podem ser retirados apenas da Constituição Brasileira de 1988. Esse caráter promocional do Direito, também se estende à economia, apesar de algumas delimitações:

[17] Ibidem., p. 13.
[18] VASQUES, 2016. Op. cit., p.76.

[...] das formas de intervenção do Estado na economia, identificando três contornos básicos: Estado como sujeito de atividade econômica; como ente regulador; e exercendo atividades indutoras. Quando do Estado como sujeito de atividade econômica, ter-se-ia o mesmo atuando diretamente na atividade econômica. Nos mesmos termos dos agentes privados, quando justificado pelos imperativos da segurança nacional ou a relevante interesse coletivo, nos termos do art. 173 da CF/1988.

Em primeiro lugar, é preciso determinar o que se quer fazer, definir o resultado que se pretende obter. Este é o trabalho próprio da política, no seu sentido pleno de arte de governar, inspirada pela Economia, pela Ciência das Finanças, pela Sociologia e pela observação dos fatos que podem, ou que devem, influenciar a orientação governamental, até mesmo sob o aspecto ético. Só depois de definido o objetivo da ação é que se procuram os meios para conseguir esse resultado. E a função do Direito é, simplesmente, a de fornecer aqueles meios de atuação para obtenção de um resultado predeterminado que não é, por si mesmo, jurídico".[19]

A função promocional do Direito se concretiza por diversos meios, dentre os quais o poder de polícia de caráter administrativo e por meio tributário, exercidas por agências reguladoras, Banco Central, CONAMA ou CVM, como ocorreu na crise de 2008 utilizando como exemplo, no qual montadoras de automóveis de São Paulo, indicaram que haveria a demissão de mil trabalhadores, para impedir essa possibilidade a alíquota do IPI foi reduzida, para que o mercado fosse reaquecido e os problemas sociais eminentes foram evitados. Fato que se classifica como "normas indutoras, as quais não prescrevem um comportamento proibitivo ou mandamental, mas tem-se um incentivo a certos comportamentos que pode consistir em uma vantagem ou agravante, constituindo-se em normas dispositivas." [20]

---

[19] BECKER, Alfredo Augusto. **Teoria geral do direito tributário**. 3. ed. São Paulo: Lejus, 1998, p. 67.
[20] NELSON, Rocco Antonio Rangel Rosso. Das tipologias de intervenção do Estado Brasileiro na economia. In: **Revista de Direito Constitucional e Internacional**. São Paulo: Revista dos Tribunais. p. 59 a 81. v.24 n.98, 2016, p. 75 e 76.

Portanto, o Direito é meio para realizar a promoção de atos desejados e consequentemente o tributo é meio hábil para desempenhar o bem comum. Sendo que o sistema tributário[21] por meios de tributos ou subsídios, aplicados aos produtos que geram externalidades (positiva ou negativa), é adotado por parte da teoria econômica como uma ação eficiente, sendo esses meios de utilização do regime tributário, que será apresentado a seguir.

1.2 A FUNÇÃO EXTRAFISCAL DO TRIBUTO

Apesar de ser estudada com mais afinco recentemente, a função para além da fiscalidade não é nova, havendo registros que no Egito antigo[22], havia a prática de perdoar tributos durante momentos de crises como em momentos de secas. Escritos oficiais estabelecem que havia a possibilidade dos escribas realizarem a remissão da dívida tributária no montante de dois terços para os fazendeiros pobres que se encontrassem endividados.

Na busca de encerrar a mineração de fósforo branco,[23] o qual causava problemas ósseos, produto que era utilizado na fabricação dos palitos de fósforos, teve no séc. XVII, no Reino Unido e no ano de 1912, nos Estados Unidos da América (EUA), foram instituídos tributos, em busca de alterar o consumo para os palitos de fósforo vermelho, de produção artificial e sem riscos aparentes.

A função extrafiscal, ganha novas forças, nas contribuições parafiscais, destinadas a entidades que não pertenciam ao quadro hierárquico estatal clássico, mas paralelamente ao Estado desempenhavam funções sociais, tendo origem na França e na Itália. Já no Brasil se formalizou com o

---

[21] COASE, Ronald Harry. **A firma, o mercado e o direito**. tradução: Heloisa Gonçalves Barbosa; Francisco Niclós Negrão. Rio de Janeiro: Ed. Forense Universitária. 2016, p.180.
[22] CORREIA NETO, 2012. Op. cit., p. 105.
[23] SCHOUERI, Luis Eduardo. **Normas tributárias indutoras e intervenção econômica**. Rio de Janeiro: Forense, 2005, p.119 e 120.

art. 149 da Constituição da República de 1945, possuindo como exemplo de sustento dos sindicatos e dos Institutos de Previdência. [24]

Há de se reconhecer que em qualquer tributo existem efeitos econômicos, sociais e políticos, de forma intencional ou não, mesmo sendo a arrecadação o único desejo quando o tributo foi instituído, como demonstrado anteriormente. "Decerto os efeitos externos à atividade financeira da norma tributária existem, quer no âmbito da fiscalidade, quer no da extrafiscalidade."[25], pois "os próprios impostos chamados de pura fiscalidade são transferidores de riquezas de uma para outra classe ou criadores de novas fontes de produção para o bem-estar social"[26], assim reiteram Augusto Becker[27], José Nabais[28] e Paulo de Barros Carvalho[29], estabelecendo essa associação

---

[24] SILVA, Daniel Cavalcante. A finalidade extrafiscal do tributo e as políticas públicas no Brasil. In: **Brazilian Journal of International Law**, Brasília, v.4, n, 1, p. 98-122, jan/jul. 2007. Disponível em: <https://heinonline.org/HOL/Page?handle=hein.journals/brazintl4&start_page=98&collection=journals&id=98>. Acesso em: 21.set.2017. p. 103 e 104.

[25] CORREIA NETO, 2012. Op. cit., p. 75.

[26] DEODATO, Alberto. **As funções extra-fiscais do impôsto**, Tese apresentada à Faculdade de Direito da universidade de Minas Gerais para concurso de professor catedrático de Ciência das Finanças, s.l., 1949, p. 147-148.

[27] BECKER, 1998. Op. cit., p. 597. "Na construção jurídica de todos c de cada tributo, nunca mais estará ausente o finalismo extrafiscal, nem será esquecido o fiscal. Ambos coexistirão sempre - agora de um modo consciente e desejado - na construção jurídica de cada tributo; apenas haverá maior ou menor prevalência neste ou naquele sentido, a fim de melhor estabelecer o equilíbrio econômico-social do orçamento cíclico."

[28] NABAIS, 1998. Op. cit., p. 629. "A extrafiscalidade traduz-se no conjunto de normas que, embora formalmente integrem o direito fiscal, tem por finalidade principal ou dominante a consecução de determinados resultados econômicos ou sociais através da utilização do instrumento fiscal e não a obtenção de receitas para fazer face às despesas públicas."

[29] CARVALHO, Paulo de Barros. **Direito tributário, linguagem e método**. São Paulo: Noeses, 2008, p. 241. "Há tributos que se prestam, admiravelmente, para a introdução de expedientes extrafiscais. Outros, no entanto, inclinam-se mais ao setor da fiscalidade. Não existe, porém, entidade tributária que se possa dizer pura, no sentido de realizar tão-só a fiscalidade, ou, unicamente, a extrafiscalidade. Os dois objetivos convivem, harmônicos, na mesma figura impositiva, sendo apenas lícito verificar que, por vezes, um predomina sobre o outro."

inseparável da função fiscal e extrafiscal. Portanto, a extrafiscalidade pode ser conceituada como o "pagamento dos impostos, com o intuito de estimular, induzir ou até mesmo coibir os contribuintes, aplicando-se as receitas não apenas com a intenção arrecadatória para sanar despesas públicas, mas induzindo comportamentos."[30] Na Alemanha, o entendimento doutrinário e jurisprudencial segue o mesmo sentido:

> [...] nos termos da jurisprudência do próprio BVerfG, os tributos especiais apresentam fundamentalmente duas modalidades: a dos tributos com função financeira, em que se destacam pela sua importância os chamados tributos de compensação (Ausgleichs- Fincmzierungabgaben), cuja finalidade é compensar as desigualdades decorrentes do funcionamento do mercado em matéria de encargos e proveitos das empresas de um determinado ramo econômico, e os tributos sem função financeira (Lenkungsabgabeu ohne Finanzierungszweck), ou seja, tributos especiais de carácter extrafiscal. [31]

A função do tributo de extrafiscalidade é algo por vezes o principal almejado, sendo que Ronald Coase afirmava em sua época, nos meados do século XX, que "quando os economistas modernos falam de intervenção governamental, em geral têm em mente a imposição de tributos[...]"[32]. Pois é uma "de las formas más sutiles que tiene el Estado de intervenir en la vida de la sociedad y de los individuos es utilizando los instrumentos tributarios."[33] Esses economistas indicavam que o tributo teria a

---

[30] SOUZA FILHO, Francisco Joaquim Branco de; SILVA, Tagore Trajano de Almeida. Créditos de carbono e a extrafiscalidade: uma saída para o desenvolvimento sustentável no Brasil. In: **Revista Jurídica UNI7**, Fortaleza, v. 14, n. 1, p. 59-71, jan./jun. 2017, p. 66. Deve-se ressaltar que os autores possuem a opinião de que essa intervenção é um meio de coerção em que o tributo é utilizado.

[31] Ibidem., p. 252 e 253.

[32] COASE, 2016. Op. cit., p. 25.

[33] NEUMANN, Teodoro Ribera. Tributos manifiestamente desproporcionados o injustos: aspectos relevantes de la jurisprudencia constitucional. In: **Revista Chilena de Derecho**, Número Especial, p. 237-248, 1998. Disponível em: < https://heinonline.org/HOL/Page?handle=hein.journals/rechilde4199&div=31

finalidade de correção das externalidades[34] provocadas pelos atos individuais, sendo que tanto as externalidades negativas quanto as positivas eram alvos das intervenções públicas, exemplos da intervenção, se mostra de diversos momentos, como na passagem a seguir, quando se aborda o sistema da União Europeia, listagem realizada expondo, de forma ríspida, as motivações para tributar, pois estariam utilizando de qualquer fundamento para obter tributos:

> Tributavam-se os cães de estimação para preservar a saúde pública, o papel de jornal para calar a oposição, as armas de fogo para garantir a tranquilidade, uma ou outra mercadoria estrangeira para proteger a indústria nacional, os artigos da moda para castigar o luxo e a vaidade. [...] introdução de novos impostos sobre o consumo, dirigidos à prossecução de objetivos extrafiscais: impostos sobre as pilhas de relógio ou sobre os sacos plásticos, por modo a proteger o ambiente; impostos sobre as transações financeiras, por modo a prevenir a especulação; impostos sobre a fast-food, por modo a promover a saúde pública. Novos impostos de bagatela, enfim, tomando geralmente a forma de *accises* - i.e., de impostos especiais de consume de bens - e assumindo frequentes vezes o contorno de tributos "parafiscais" E novos impostos de bagatela ordenados, já não tanto a uma extrafiscalidade de regulação econômica, mas a uma extrafiscalidade que se prende a regulação do bom gosto, do saudável, do meritório, uma extrafiscalidade de outra natureza, as mais das vezes da natureza ela própria. E nessa linha que se procede em Portugal à reforma da tributação automóvel, fazendo-a assentar em larga medida nas emissões poluentes dos automóveis; ou que se introduz um tributo ambiental sobre os sacos plásticos, com o fito de travar a sua utilização.[35]

Em vista disso, o sistema tributário é utilizado para incentivar atos que sejam desejados e dificultando o ato indesejado. No sistema brasileiro, a extrafiscalidade não é abordada apenas pelos especialistas tributários, em face de sua

&start_page=237&collection=journals&set_as_cursor=0&men_tab=srchresults >. Acesso em: 15.nov.2017, p.237.
[34] SILVA, 2007. Op. cit., p. 98.
[35] VASQUES, 2016. Op. cit., p.27, 51 e 52.

importância na governança do Estado, o tema é abordado também por administrativistas, como Hely Lopes Meireles, o qual contribui com a doutrina atual, para possibilitar a intervenção pelo estado na autonomia da vontade e a propriedade privada, tudo sobre a proteção do bem-estar social. O qual indica a extrafiscalidade tributária, utilizada como fomento ou desincentivo, como ato de política fiscal. Sendo o tributo, instrumento de auxílio do poder regulatório do Estado, por meio do agravamento do tributo poderia afastar certas atividades ou modificar as atitudes dos particulares contrárias ao interesse público.[36] E Juarez Freitas afirma que o sistema administrativo deve utilizar as políticas tributárias para interferir de forma diferenciada nos produtos e serviços e de seus processos de elaboração e prestação, conforme o impacto ambiental, em prol da sustentabilidade, com base no art.170, VI da Constituição Federal.[37]

Se observa que a extrafiscalidade, possui no Brasil, nos Estados Unidos da América e na União Europeia, ao contrário do período do liberalismo clássico, uma nova faceta de interferência para sanar as externalidades, conforme defendido por Baudrillard,[38] o qual indica que a sacralização do progresso e do desenvolvimento industrial, o qual suplantava todos os maus causados, é uma ideia que deva ser abandonada e deve haver o sopesamentos também dos elementos negativos, devendo o consumidor pagar por eles no preço, indicando que no valor do automóvel deve contabilizar as verbas para o cuidado das vítimas de acidentes, a construção da estrutura viária própria etc.[39] Essa nova concepção se tornou predominante, com a adoção da tentativa de realizar a melhor realocação dos recursos existentes, sendo que essa ideia teve como principal propagador, o economista Pigou, o qual teve

---

[36] MEIRELLES, Hely Lopes. **Direito municipal brasileiro.** 6. ed. São Paulo: Editora Malheiros, 1993, p. 151.
[37] FREITAS, Juarez. O tributo e o desenvolvimento sustentável. In: **Novos estudos jurídicos** (UNIVALI), v. 21, p. 825-845, 2016, p. 837 e 838.
[38] BAUDRILLARD, Jean. **A sociedade de consumo.** Lisboa: Edições 70, 2007, p. 33-36.
[39] PIGOU, A. Cecil. **The economics of welfare.** London: MacMillan, 1962, p. 05 e 06.

grande influência conjuntamente com os tributos pigouvianos, como aborda a transcrição seguinte:

> Se até ao século passado a razão de estado ou o discurso puritano bastavam para justificar a repressão de consumos pela via fiscal, nos tempos mais recentes a racionalização de semelhantes impostos tem-se servido do pensamento desenvolvido por Arthur Pigou ainda nos anos trinta. Pigou observara que o custo social da produção ou consumo de certos bens não coincide necessariamente com o seu custo privado. Porque o fumar, beber ou conduzir gera custos sociais - exterioridades negativas - que não são inteiramente debitados aos respectivos consumidores, a sua provisão tenderá a situar-se além do que seria privado. Porque a prestação de serviços de saúde ou educação gera benefícios sociais - exterioridades positivas - que não são inteiramente remunerados aos respectivos prestadores, a sua provisão tenderá a situar-se aquém do que seria óptimo. [...] Na lei espanhola sobre impostos especiais afirma que o gravame que os impostos especiais de consumo trazem consigo se justifica pelo fato de incidirem sobre consumos que geram custos sociais que não são tidos em conta aquando da fixação dos seus preços privados, devendo estes ser suportados pelos consumidores por meio de uma tributação que os atinja seletivamente, cumprindo-se deste modo uma finalidade extrafiscal como instrumento de políticas de saúde, energia, transportes ou meio ambiente.[40]

Sendo, portanto, possível essa intervenção do Estado, explica José Eduardo Faria, por ser "o resultado da diferenciação de um sistema econômico que regulamenta o processo produtivo através do mercado, de modo descentralizado e apolítico".[41]

Em vista do exposto, a tributação dotada da função extrafiscal, possui duas capacidades, a primeira delas é o de ressarcimento pelas externalidade existentes, uma espécie de compensação pelos danos gerados pelos atos individuais, a

---

[40] VASQUES, 2016. Op. cit., p.73.
[41] FARIA, José Eduardo. **Eficácia jurídica e violência simbólica**: o direito como instrumento de transformação social. São Paulo: Editora Universidade de São Paulo, 1988, p.62.

segunda é a capacidade de interferência direta nos atos possíveis a serem praticados, em especial no consumo, este último elemento que é o principal objeto do presente estudo. Dessa maneira, após apresentar a capacidade do tributo com uma finalidade para além da fiscalidade, o próximo passo é apresentar os principais fundamentos quando se utiliza a extrafiscalidade, que é a seletividade, que indica quais os parâmetros para a aplicação da tributação extrafiscal e posteriormente a doutrina do paternalismo, concentrando o estudo no paternalismo libertário, pois é uma vertente mais atual e se apresenta como compatível simultaneamente com os interesses intervencionistas para promoção do bem-estar social e com a preservação da autonomia individual.

1.2.1 A seletividade

A seletividade é um dos principais fundamentos quando da aplicação diferenciada dos tributos sobre os produtos, quando se busca a aplicação da função extrafiscal, trazendo a diferenciação de alíquotas para objetos diferentes, sendo que para a incidência tributária "[...] não importa o sujeito. Importa exclusivamente o objeto de tributação."[42] A diferenciação de tratamento entre os objetos, ocorrem em função da essencialidade do produto, conforme indica o art. 153, §3º, I da CF/88, "daí a inclusão de itens e subitens, aumentando a complexidade dos produtos, mas propiciando ensejo ao reconhecimento da destinação do bem, para aferir seu índice de utilidade social ou pessoal."[43]

A seletividade é indicada como um dos subprincípios da capacidade contributiva, a significar que o tributo deve incidir progressivamente na razão inversa da essencialidade dos produtos. Pois, a seletividade é aplicada em face da impossibilidade de aferição individual da capacidade

---

[42] MACHADO, Hugo de Brito. Progressividade e socialismo. In: **Jornal Zero Hora**. 18.ago.1998, p.15.
[43] CARVALHO, 2011Op. cit., p. 700.

contributiva dos consumidores finais em prol da justiça tributária, indicando que os produtos e serviços de primeira necessidade fossem tributados mais levemente, garantindo baixa tributação para bens essenciais que os cidadãos de menor capacidade contributiva necessitam consumir, enquanto aos demais produtos, deverá haver a incidência de tributação mais elevada para os demais produtos.[44]

No Brasil, a seletividade pode ser encontrada no Imposto sobre Produtos Industrializados (IPI), no artigo 153, § 3º, I da CF (aplicação obrigatória pelo legislador) e no Imposto sobre a Circulação de Mercadorias e Serviços (ICMS), no artigo 155, § 2º, III da CF (aplicação opcional ao legislador), sendo, a seletividade, normalmente utilizada para reduzir o tributo e por vezes zerá-lo, normalmente o legislador utiliza as faixas dentro de um espectro de percentual aceitável para a tributação em geral, em busca de atender sua função extrafiscal, que foi referendada pelo Supremo Tribunal Federal (RE 589.216/RJ, Rel. Min. Eros Grau) como possuidora dessa função.

Mas o legislador, por vezes, entende que no lado inverso dos produtos essenciais, estão os produtos supérfluos e de maneira oposta, realiza a aplicação de elevadíssimos tributos, como geralmente sobre os cigarros, bebidas alcóolicas e produtos de luxo. Nesse momento surgem críticas, pois "seletividade não poderá ser muito ampla. Espera-se que duas alíquotas sejam suficientes. Uma para as mercadorias supérfluas e suntuárias, outra para o grosso das mercadorias de grande consumo popular, como se costuma dizer,"[45] sendo uma "técnica tributária, uma maneira para onerar menos os bens e serviços essenciais em relação aos demais bens e serviços".[46] Portanto a seletividade não é fundamento de grande utilidade para elevação do preço, mas por vezes a seletividade é utilizada e a extrafiscalidade e empregada de forma errada.

[44] BALEEIRO, Aliomar. **Direito tributário brasileiro**. 11ª ed. Rio de Janeiro: Forense, 2003, p. 349.
[45] COÊLHO, Sacha Calmon Navarro, **Curso de direito tributário brasileiro** 11ª ed. Rio de Janeiro: Forense 2010, p. 322 e 323.
[46] ESTURILIO, Regiane Binhara. **Seletividade no IPI e no ICMS**. São Paulo: Quartier Latin. 2008, p. 103.

Demonstrando que o Governante se utiliza de forma imprópria da seletividade, o que gera pedidos de delimitações da extrafiscalidade "sobretudo naqueles em que a Constituição admite – ou mesmo exige – que os tributos sejam instrumento de cumprimento de finalidades políticas, econômicas e sociais."[47]

1.2.2 O paternalismo libertário

Outro argumento normalmente utilizado para conceber a intervenção na sociedade, mais especificadamente nos indivíduos pelo Estado, é o paternalismo. O qual estabelece como premissa, que os cidadãos não possuem a capacidade plena de estabelecer uma sociedade em que seu bem-estar razoável seja possível, pois sempre haverá algum fator (mercado, desconhecimento, relacionamentos submissos etc.) para impedir a sociedade perfeita e com base nisso o Estado deve agir como benfeitor heroico, que deve sanar o defeito que impede o bem-estar social, assim como um pai que protege seu filho e quando ainda em sua juventude de aprendizado o deve conduzir, daí a nomeação da doutrina de paternalista, conforme indica Immanuel Kant, para que em:

> [...] um governo fundado sobre o princípio da benevolência para com o povo, como o governo de um pai sobre os filhos, isto é, um governo paternalista (*imperium paternale*), no qual os súditos, tal como filhos menores incapazes de distinguir o útil do prejudicial, estão obrigados a se comportar apenas passivamente, para esperar que o chefe do Estado julgue de que modo devem eles ser felizes e para aguardar apenas da sua bondade que ele o queira, um governo assim é o pior despotismo que se possa imaginar.[48]

---

[47] DE GODOI, Marciano Seabra. Extrafiscalidad y sus limites constitucionales. In: **Revista internacional de direito tributário**, Belo Horizonte, v. 1, n. 1, p. 219-262, jan./jun. 2004, p. 220.

[48] KANT, 1784. Apud. BOBBIO, Norberto, **Liberalismo e democracia**; tradução Marco Aurélio Nogueira. Brasiliense, 2000, p. 22-23.

Apesar das possíveis críticas acerca da aparência infantilizada com que o cidadão é tratado, a racionalidade da doutrina se estabelece pelo entendimento de que a pessoa deve ser salvaguardada quando surgir externalidades negativas produzidas por si próprio, por terceiros ou pelo interesse público[49], a verdade é que a intervenção estatal era necessária para solucionar diversos problemas existentes. Dentre as principais falhas e a que normalmente é evocada como elemento que reduz a capacidade do cidadão, são as falhas provocadas pelo mercado, "i) mobilidade de fatores; ii) acesso à informação; iii) concentração econômica; iv) externalidades e v) suprimento dos bens coletivos."[50]

O principal argumento dessas falhas de mercado[51] consiste na ideia utilitarista de que apesar de se esperar do homem uma análise econômica de suas ações e consequências conforme prega a doutrina liberal de que o indivíduo é o melhor agente para realizar as escolhas, pois possuiria todas as variáveis para a tomada de decisão, mas quando existe a falha de mercado, essa racionalidade é avariada, situação que exemplificam utilizando a figura de duas raças humanoides, como fossem duas coexistências do homem, que são os *Econs*, que analisa de forma fria e calculista as suas consequências em busca do melhor investimento econômico-financeiro e a segunda espécime é o *Humans*, que era levado por sentimentos, desejos e aspectos mundanos. Nesse momento, o Estado deveria interferir no *Humans* conduzindo-lhe para o caminho que o *Econs* tomaria. Uma falha desse argumento é que a indicação que o indivíduo é o melhor tomador de decisões por deter mais informações, não é por deter conhecimento científico ou econômico, mas sim por deter o conhecimento dos elementos imperfeitos da humanidade com seus desejos, suas volúpias e seus sonhos, os quais devem entrar como elementos da escolha.

---

[49] ALEMANNO, Alberto; SIBONY, Anne-Lise. **Nudge and the Law**: a European perspective with a foreword by Cass Sunstein. Oregon: Hart Publishing, 2015, p. 87.
[50] SCHOUERI, 2005. Op. cit., p.73
[51] SUNSTEIN, Cass R.; THALER, Richard H. **Nudge**: improving decisions about health, wealth, and happiness. Estados Unidos da America: Yale University Press New Haven & London, 2008, p. 09-11.

A utilização do mercado, assim como todos os atos praticados por interesses individuais, eram preferidos em sua contenção em prol de um bem público, como indicava Bentham em seu *Constitucional Code*[52] ao estabelecer que todo mal para o avanço de seu interesse pessoal e privado às custas do interesse público, será combatido.

Mas o questionamento pertinente aqui, é o meio e o nível de interferência possível, pois apesar das boas intenções em garantir o bem-estar social, os Estados que se utilizaram fortemente do paternalismo e que estavam sobre a configuração do estado social, tenderam ao totalitarismo,[53] o que gerou uma reanálise da intervenção. Por isso há diversos níveis possíveis de interferência conforme exemplificado na classificação de possibilidades descritas abaixo, que usa como exemplo o consumo de cigarro e as possíveis ações para coibir a ação de fumar:

1. governo proíbe fumar cigarros e que a sanção para fumar cigarros é uma sanção penal — de US$500.
2. governo proibi fumar cigarros e que a sanção para fumar cigarros é uma sanção penal — de US $0,01.
3. governo proibi fumar cigarros e que a sanção para fumar cigarros é uma multa civil — de US $500.
4. governo proibi fumar cigarros e que a sanção para fumar é uma multa civil — de US $0,01.
5. governo não proíbe fumar cigarros, mas em vez disso impõe um imposto na compra de cigarro — um imposto de US $3,00 pelo bloco.
6. governo não proíbe fumar cigarros, mas cria um programa para ajudar os fumantes a parar, incluindo uma linha de "stop" oferecendo acesso para pessoas que são especialistas em promover a cessação do tabagismo.
7. governo não proíbe fumar cigarros, mas cria um programa que fornece um subsídio financeiro aos fumantes que param por seis meses — um subsídio de US $500.

---

[52] SCHAUER, Frederick F. **The force of law**. London, England: Havard University Press, 2015, p. 14.
[53] FERNANDES, Simone Lemos. **Contribuições neocorporativas na constituição e nas leis**. Belo Horizonte: Del Rey, 2005, p. 39.

8. governo não proíbe fumar cigarros, mas em vez disso se engaja em uma campanha de publicidade vívida e assustadora, enfatizando os perigos do tabagismo.

9. governo não proíbe fumar cigarros, mas em vez disso requer pacotes para conter imagens vívidas, assustadoras, enfatizando os perigos do tabagismo.

10. governo não proíbe fumar cigarros, mas em vez disso se engaja em uma campanha de educação pública, concebida para o ato de fumar parecem desviantes, ou antissocial ou não estar na moda (uncool).

11. governo não proíbe fumar cigarros, mas em vez disso, se envolve em uma verdadeira, fato cheio de campanha educativa, divulgar os perigos do tabagismo.

12. governo não proíbe fumar cigarros, mas em vez disso requer pacotes para fornecer informações verdadeiras, divulgar os perigos do tabagismo.

13. governo não proíbe fumar cigarros, mas em vez disso requer vendedores de cigarro colocar cigarros em um lugar discreto, para que o cigarro não esteja em local de disponibilização imediata, requerendo que o consumidor tenha que agir pedindo para o vendedor.

14. governo não proíbe fumar cigarros, mas em vez disso requer que os cigarros sejam vendidos em pequenos recipientes, cada um com não mais de oito cigarros. (Pacotes de cigarro geralmente tem vinte cigarros agora) (tradução livre do autor)[54]

Conforme se observa, há uma categorização da possibilidade de intervenção, estando organizada da mais severa à mais leve (não havendo correlação de efetividade). É com base nesses níveis de intervenção que a doutrina paternalista se subdivide entre *hard* e *soft*,[55] que se conceituam da seguinte forma, "paternalismo *hard*" para se referir a ações do governo que tentam melhorar o bem-estar dos povos através da imposição de custos ao indivíduo em suas escolhas. Por outro lado, "paternalismo *soft*" se refere a ações estatais ou particulares que tentam melhorar o bem-estar do povo, influenciando suas escolhas sem impor custos ao indivíduo em suas escolhas. Essa dicotomia surgiu no retorno da autonomia

[54] SUNSTEIN, Cass R. **Why nudge?** the politics of libertarian paternalism. Estados Unidos da America: Yale University Press New Haven & London, 2014, p. 38.
[55] Ibidem., p. 29.

individual como fundamento no Estado democrático de direito, tendo a doutrina do paternalismo *soft*[56] o pensamento de que os detalhes pequenos e aparentemente insignificantes podem ter grandes impactos no comportamento das pessoas, sem que haja custos para o indivíduo, que envolvam sua escolha.

Um exemplo desta doutrina vem dos banheiros masculinos no aeroporto de Schiphol, em Amsterdã. Neles, foram gravadas a imagem de uma mosca negra em cada mictório. Pois os homens, talvez por falta de atenção, urinam fora do mictório, mas se eles virem um alvo, a atenção e a precisão serão aumentadas. Segundo o criador da ideia, Aad Kieboom, "Isso melhora o objetivo, [...] Se um homem vê uma mosca, ele aponta para ela."[57] Kieboom é economista e dirigiu a expansão do prédio de Schiphol. Sua equipe conduziu testes com mosca-em-urinol e descobriu que as gravuras reduzem o derramamento em 80%.

Essa transformação estrutural na qual possui como fim, influenciar a conduta individual, é denominada de arquitetura da escolha, onde o arquiteto de escolha[58] tem a responsabilidade de organizar o contexto no qual as pessoas tomam decisões tentando influenciar o comportamento das pessoas a fim de tornar suas vidas mais longas, saudáveis e melhores e muitas dessas políticas custam pouco ou nada, não impondo nenhum ônus aos contribuintes.

E uma das principais correntes que se utilizam da interferência *soft* é nomeada de paternalismo libertário[59], o qual se caracteriza pela escolha de ações que não impedem as escolhas, apenas as toma mais difíceis de serem realizadas, pois se as pessoas querem fumar cigarros, comer muitos doces, escolher um plano inadequado de assistência médica ou não poupar para a aposentadoria, os paternalistas libertos não os obrigam a fazer o contrário. Há apenas uma análise se utilizando da arquitetura da escolha, a qual dá uma cutucada (*nudge*) ou

---

[56] Ibidem., p. 03.
[57] SUNSTEIN, 2008. Op. cit., p. 03-04.
[58] Ibidem., p. 03, 05 e 13.
[59] Ibidem., p. 06

um leve empurrão para que a pessoa realize uma determinada escolha, por exemplo, colocar a fruta no nível dos olhos, o que influencia o seu maior consumo, conta como uma cutucada, ao invés de banir *junk food*.

Uma característica do paternalismo libertário é a preferência por ações que não onerem a pessoa por tomar a escolha indesejada, pois como indica John Stuart Mill[60], a pessoa já deve suportar ou irá suportar as consequências de sua escolha e por esse motivo o Estado não deve estragá-la ainda mais, devendo orientá-la mostrando-lhe as consequências e como evitar os males de sua conduta.

Uma experiênciarealizada que demonstra essa possibilidade de não haver custos ou punição, foi a realizada por funcionários de Minnesota, em busca de melhorar a arrecadação tributária. O experimento foi realizado da seguinte forma: os contribuintes selecionados foram divididos em quatro grupos, o primeiro foi informado de que seus impostos foram para várias boas obras, incluindo educação, proteção policial e proteção contra incêndio. O segundo grupo ameaçado com informações sobre os riscos de punição por descumprimento. O terceiro foi informado de forma clara como preencher os formulários e realizar o pagamento dos tributos e onde procurar ajuda. Por fim, o quarto grupo foi informado de que mais de 90% dos cidadãos de Minnesota já cumpriram integralmente suas obrigações perante a lei tributária. O resultado inicial é que apenas o quarto grupo é que cumpriu com suas obrigações tributárias de forma satisfatória. Segue-se que um comportamento desejável ou indesejável pode ser aumentado, em certa medida, atraindo a atenção pública para o que os outros estão fazendo e não com punição e aumento do custo com multa. [61]

Mas esse entendimento não é absoluto dentro da doutrina do paternalismo libertário, pois apesar de haver preferência por ações sem custo para quem faz a escolha, esse custo ainda é

---

[60] MILL, John Stuart. **Sobre a liberdade;** tradução: Alberto da Rocha Barros. 2. ed. Petrópolis: Vozes, 1991, p.142.
[61] SUNSTEIN, 2008. Op. cit., p. 66.

possível, desde que seja efetivo e com base nessa possibilidade é que o tributo passa a ser utilizado, apesar de não existir muitos estudos satisfatórios com base empírica. Mas agora sobre a proteção de uma doutrina que estaria coadunada com o Estado democrático de direito sem desrespeitar a autonomia individual, o paternalismo e a intervenção na autonomia individual poderia promover a "boa" conduta do indivíduo.

Contudo, há de se salientar que a base do paternalismo ainda está presente, pois ainda está "enraizadas em uma heurística para o que realmente importa, que é o bem-estar."[62] Indicando que não se trata de simples retórica, pois o que realiza um sopesamento e estabelece que o que realmente importa é a vida das pessoas.[63] E estabelece que "People want their lives to have purpose; they do not want their lives to be simply happy."[64] Ainda complementa estabelecendo quais seriam esses propósitos tomando "(1) promoting the happiness of their family, (2) increasing their control over their lives, (3) increasing their social status, or (4) improving their sense of purpose in life."[65]

Estabelecendo ainda[66], que as pessoas devem escolher a abnegação das suas vontades imediatas do agora, em prol da possibilidade de não possuir uma vida plenamente saudável no futuro. Argumentando que as pessoas talvez prefiram comer muito, fumar, passear muito, ser ranzinza, beber, procrastinar ou jogar, ações estabelecidas socialmente como negativas que o indivíduo não deveria realiza-las por quem possui comportamentos completamente opostos. As resultantes dessas escolhas podem ter graves efeitos nocivos no futuro sobre a saúde e as finanças. Sendo que essa preferência é classificada como egoísmo com o "eu" do futuro e, portanto, deveria ser combatida. Desta forma, mesmo o paternalismo libertário ainda estabelece um conceito para vida boa.

---

[62] SUNSTEIN, 2014. Op. cit., p. 16.
[63] Ibidem., p. 41.
[64] Ibidem., p. 49.
[65] Ibidem., p. 49.
[66] Ibidem., p. 22.

Dessa forma, posto o fundamento para interferir nas condutas individuais, o próximo passo é apresentar os meios da tributação extrafiscal.

1.2.3 As ferramentas da tributação extrafiscal

O tributo pode ser reconhecido como um dos meios para intervir no sistema econômico com diversas motivações. No Império Inglês, durante o século XVIII, Adam Smith descreve que houve a implantação de sistemas tributários com a finalidade de fomentar sua própria economia e de reinos aliados, como o incomparável aumento das taxas de vinhos franceses e a redução para os vinhos vindo de Portugal, ou o sistema de *drawback* implantado para a indústria de manufatura inglesa, que é comentado da seguinte forma:

> O objetivo desse esquema era promover todos os diversos setores do comércio exterior, particularmente o comércio de transporte de mercadorias, eliminando todas as taxas de importação e exportação, possibilitando ao comerciante empregar todo o seu capital e crédito na compra de mercadorias e de frete para os navios, sem ter que canalizar nenhuma parte dele para o pagamento de impostos.[67]

Do mesmo modo, atualmente no Brasil, houve uma redução de tributos que baixou os preços da indústria automobilística e aumentou a alíquota de carros importados, por meio da edição do Decreto n° 7.567/2011, o qual reduziu e em alguns casos chegou a zerar a alíquota do Imposto sobre Produtos Industrializados (IPI), para veículos automotores com no mínimo de 65% (sessenta e cinco por cento) de produção nacional. E inversamente, majorou de 13% para 43% o percentual incidente sobre os carros importados. Essa medida, além de haver a indicação de "engordar o tesouro nacional"[68], contribuiu para a proteção da indústria automobilística nacional,

---

[67] SMITH, Adam. **A riqueza das nações**. Tradução de Luiz João Baraúna São Paulo: Editora Nova Cultural Ltda. Vol. II, 1996. p. 328.
[68] SOUZA FILHO, 2017. Op. cit., p.67

pois elevou o custo dos carros importados que eram de maior ou igual qualidade em comparação aos nacionais, que antes da medida, possuíam preços consideravelmente muito menores.

O aumento e/ou redução do valor de tributos é apenas uma das formas do sistema tributário interferir no sistema econômico e consequentemente no político e social. São diversas as fórmulas legislativas possíveis de serem empregadas como a "Isenção, remissão, anistia, redução de base de cálculo e de alíquota, créditos presumidos representam alguns dos exemplos mais conhecidos." [69] Mas não existem fórmulas taxativas de utilizar, pois o mesmo fim pode ser alcançado de formas diversas, vai depender da criatividade do legislador. Uma demonstração disso está presente na seguinte passagem:

> [...] deve-se atentar ao fato de que uma das mais antigas aplicações do imposto para desempenho de funções extrafiscais é a exigência de direitos alfandegários altamente onerosos para proteção da produção nacional, já que essa política provoca encarecimento das mercadorias estrangeiras, afastando-as da concorrência ou permitindo que as nacionais se possam vender por preços mais gratificantes. Por outro lado, o mesmo resultado pode ser obtido por intermédio de isenções a certos ramos de atividade nacional, de forma que o custo da produção desta fique na paridade da mercadoria importada. Em geral, essas duas formas se ordenam ou harmonizam para o mesmo fim.[70]

No sistema da União Europeia "a tributação dos consumos específicos foi levada a cabo por meio de técnicas muito diversas, dentre as quais se distinguem três que podemos dizer fundamentais: as *accises*, os direitos alfandegários e os monopólios fiscais."[71] As *accises* são os tributos que incidem diretamente no produto a ser consumido, a sua motivação de incidência é o consumo, sendo responsável pela maior parte dos tributos extrafiscais, os quais também podem sofrer interferência, mas em menor quantidade, por meio das taxas

---

[69] CORREIA NETO, 2012. Op. cit., p.13.
[70] SILVA, 2007. Op. cit., p. 106.
[71] VASQUES, 2016. Op. cit., p.28 e 29.

alfandegárias. Em Portugal, quando do controle fiscal, alguns produtos ficam armazenados em galpões para controle do fisco, estando o fisco responsável por essa mercadoria, um meio encontrado para sobrepesar os custos na produção de determinados produtos, foi ordenado a "armazenagem de bebidas alcoólicas em resultado de medidas de intervenção europeia está também dispensada da prestação de garantias, nos termos do artigo 54°, n° 4."[72] O que gera a obrigação da pessoa dona da mercadoria aumentar os gastos para manter sua mercadoria protegida.

Em análise, as possibilidades acima apresentadas, podemos fazer o alargamento do conceito estabelecido para inserir a possibilidades de aumentar o valor final do produto.[73] Quanto as duas principais formas de interferência podem ser sub classificadas: (1) com alteração da carga tributária, interfere explicitamente no custo tributário, é uma forma de intervenção clássica conforme já demonstramos, essa forma de intervenção se mostra mais agressiva quanto ao modo; ou (2) sem alteração de carga tributária, é uma forma de interferência por vezes implícita, menos evidente, pois desse jeito as formalidade e obrigações acessórias são utilizadas como desincentivo, por gerar mais trabalho, elevando o tempo necessário para o pagamento do tributo e até mesmo como o aumento de gastos indiretos. Fatos que geram uma possível alteração das atividades, pois até mesmo o tempo gasto em determinada cadeia produtiva é algo que é levado em conta para analisar a precificação e consequente viabilidade de uma atividade. Esse efeito no ato do indivíduo e na atuação empresarial é que serão analisados nos tópicos seguintes.

---

[72] Ibidem., p.370.
[73] Há a compreensão de que o autor Celso de Barros não optou por apresentar seu esquema da forma indicada aqui, pois essa provavelmente não era sua pretensão, por seu estudo se limitar à redução da verba arrecadada, causado pela renúncia fiscal por parte do Estado e por isso se limitou a indicar a redução da carga tributária.

1.2.4 Efeito econômico da extrafiscalidade

A persuasão realizada, por meio do aumento dos tributos, para alterar o consumo de determinado produto, "reputa mandatória uma checagem integrada e preditiva dos efeitos, com ponderado balanceamento de impactos, em toda e qualquer criação de tributo, alteração de alíquota ou renúncia, à semelhança do requerido para a regulação em geral."[74] Devendo utilizar como base as relações mercadológicas, estimulando a sua inconveniência, por meio do mecanismo da elevação do preço, deve em sua análise, ser levado em conta todos os fatores de mercado e que cabe "aos produtores e consumidores decidir, em última instância, sobre o sucesso ou fracasso de um produto."[75]

Devendo para realizar a demonstração do efeito econômico da extrafiscalidade, além da questão didática, há a necessidade de divisão do estudo em dois âmbitos, o primeiro na formação do produto até chegar ao consumidor e o segundo momento que é na relação consumerista propriamente dita, sendo esse o real elemento que se estuda no presente trabalho, pois apesar de em momentos terem efeitos similares, há várias diferenças, que provocam essa separação no estudo.

1.2.4.1 O tributo na produção empresarial

O ato comercial possui uma lógica básica quando realizado, que é a existência de um preço ótimo, ou seja, que os valores obtidos pelo comerciante na venda, se equipariam no mínimo ao custo de desenvolvimento do bem ou serviço, acrescido de um lucro satisfatório. Caso o preço não seja o suficiente para ressarcir os custos e atingir a expectativa de lucratividade, a atividade de produção é inviável e deveria ser interrompida, por uma que atenda esses elementos.

---

[74] FREITAS, 2016. Op. cit., p. 832.
[75] SCHOUERI, 2005. Op. cit., p. 44.

Na busca de estabelecer viabilidade comercial para os produtos, há diversos estudos que buscam dissecar os elementos que compõem o preço, que podem ser matéria-prima, mão-de-obra, locação de equipamento, custo de imóvel e etc., dentre esses elementos está o tributo. O qual é elemento do preço, pois vai incidir em algum momento, mesmo que seja somente ao final quando da venda.

Para determinar que o tributo é elemento de custo de produção e de quais formas é utilizado, devemos *a priori* estabelecer o grupo geral ao qual estamos tentando inclui-lo. Ou seja, tome como noções acerca do conceito de custo e composição do preço, a qual é descrita por Adriano Leal de forma clara e repleta de generalidades da seguinte forma:

> De modo geral, custos podem ser definidos como medidas monetárias dos sacrifícios com os quais uma organização tem que arcar a fim de atingir seus objetivos. Contabilmente ou sob a ótica da gestão, essa afirmação pode ser interpretada de diferentes modos.
> Preços, por sua vez, correspondem à importância recebida pelas entidades em decorrência da oferta de seus produtos ou serviços. Devem ser suficientes o bastante para cobrir todos os custos incorridos e ainda fornecer um lucro para a entidade.[76]

Adriano Leal reitera essa afirmação e afirma que os "Preços praticados nos mercados devem ser suficientemente capazes de remunerar os custos plenos, gerar margem razoável de lucro e cobrir todos os impostos incidentes[...]"[77].

Conforme já foi dito acima, o preço deve ser composto por todos os valores que são investidos para a produção de determinado produto, incluindo o tributo, por exemplo, na produção e distribuição de energia elétrica, que é um produto que nos dias atuais é consumido por toda humanidade de forma direta ou indireta, é possível observar descriminado nas contas

---

[76] BRUNI, Adriano Leal. **Gestão de custos e formação de preços**: com aplicações na calculadora HP 12C e Excel. 6. ed. São Paulo: Atlas, 2012, p. 21.
[77] Ibidem., p. 299.

das empresas brasileiras a cobrança do ICMS (Imposto sobre Circulação de Mercadorias e Serviços), que compõe a fatura que é paga, normalmente em uma alíquota de 27% sobre o valor de energia consumida, sendo que o valor pago e eventualmente cobrado pela empresa é o valor cheio, produto e tributo. Esse é um exemplo explícito de que o tributo compõe o preço, mas na mesma conta de energia há diversos tributos embutidos que não são demonstrados e principalmente no sistema tributário brasileiro, que é complexo e a indicação específica do quinhão referente a tributo no preço dos produtos não é realizada.

Referido repasse é notório, de tal forma, que existem tributos com essa finalidade característica, os quais são classificados como imposto indireto, que são tributos aplicados à uma fase de produção comercial e que notoriamente se sabe e se espera que seja repassado para a pessoa seguinte da cadeia, conforme já conceituava John Stuart Mill:

> Impostos indiretos são aqueles que são cobrados de uma pessoa, na expectativa ou com a intenção de que esta se indenize à custa de outra, tal como o imposto de consumo ou as taxas alfandegárias. O produtor ou o importador de uma mercadoria é intimado a pagar um imposto sobre esta, não com a intenção de cobrar dele uma contribuição especial, mas com a intenção de taxar, por seu intermédio, os consumidores da mercadoria, dos quais, como se supõe, ele recuperará o montante, aumentando o preço da mesma.[78]

Então, fica estabelecido que o tributo é parte do custo de produção e, portanto, formador do preço. E na busca por aumento de desempenho, produtividade e lucro a "revolução industrial trouxe em seu bojo a ideia de maximização dos rendimentos pelo menor custo possível, com a finalidade de suprir um mercado de serviços e bens de consumo voraz."[79] A qual, desencadeou uma busca, pela indústria, de aprimoramento para a redução de custos que se deu pelas mais diversas formas,

---

[78] MILL, John Stuart. **Princípios de economia política**: com algumas de suas aplicações à filosofia social; tradução de Luiz João Baraúna. São Paulo: Nova Cultural. V. 2. 1996, p. 395.
[79] SOUZA FILHO, 2017. Op. Cit., p. 66.

como a melhoria na tecnologia de produção, reestruturação organizacional física e jurídica.

Especificando a reestruturação jurídica, há diversas formas, como o planejamento tributário, gestão de custos e a própria criação de pessoas jurídicas, que é indicada por Ronald Coase[80] como sendo o propósito da criação da firma, a internalização dos atos de mercado com o propósito de reduzir os custos de transação, ou seja, seriam os gastos que seriam desenvolvidos por diversas empresas, cada uma desempenhando uma atividade na produção de um bem, já uma única firma internalizaria todas as atividades (contrato, tributo, controle etc.), na busca de reduzir despesas, tendo que todas essas atividades que gerariam perdas se praticados no mercados, são internalizados na busca de substituí-los por atos administrativos da firma. Como exemplo, apresenta-se a produção de uma engrenagem de metal, caso não houvesse a firma, haveria a pessoa que minera o metal, que o vende para uma forja, que por sua vez vende para o mercador que por fim o revende ao consumidor final, em todas essas transações houve custos na transação, houve gastos de locomoção até achar um comprador para as mercadorias, com contratos e inclusive tributos, mas quando todas as atividades são realizadas por uma única firma, esses custos são reduzidos. Utilizando o mesmo exemplo, mas referente a tributos, em uma visão atual, em cada etapa, haveria a incidência de ICMS e IPI (Imposto sobre Produto Industrializado), mas dentro da firma, em tese, esses impostos incidiriam apenas uma vez.

Devendo ressaltar que essas modificações somente são realizadas com o intuito de redução de custos, pois uma "vez que se levam em conta os custos de realização de transações de mercado, é claro que essa realocação dos direitos só ocorrerá se o aumento do valor da produção como consequência do rearranjo for maior do que os custos incorridos para implementá-lo."[81]

---

[80] COASE, 2016. Op. cit., p. 01-35.
[81] Ibidem., p.115.

Sendo que essa busca pela redução de custos se faz ainda mais necessária e ferrenha, pois com o advento da globalização do mercado, a concorrência se tornou feroz, como explica Robert Reich quando nomeia o momento atual como supercapitalismo:

> Já no advento do supercapitalismo, a evolução tecnológica permitiu as pessoas comprarem e investirem de forma mais rápida e com busca global, fato que retirou o poder decisório dos atos empresariais, dos sindicatos e do Estado. Trazendo esse poder de influência para nós consumidores-investidores, pois "nós, como consumidores, ameaçávamos comprar de outros fornecedores, se não fossem tão eficientes quanto possível, em termos de preço e de qualidade; e, como investidores, também ameaçávamos levar nosso dinheiro para outros lugares, a não ser que nos oferecessem bons retornos.[...] Para nós, como consumidores e investidores, a intensificação da competição tornou toda a economia mais produtiva. Para alcançarem o sucesso, os CEOs e os financistas precisam deslocar dinheiro, equipamentos, fábricas e outros recursos para onde podem gerar mais valor. Também tiveram de investir em melhores produtos e serviços, assim como em maneiras mais baratas produzi-los e de entregá-los.[82]

Com a criação da União Europeia e a abertura de mercado e o livre trânsito de pessoas, a compra de outros países foi facilitada, o *cross-border shopping*[83], ou seja, a pessoa cruza a fronteira apenas para comprar e logo retorna para seu país, exemplos ocorrem entre a França e o Reino Unido, entre a Suécia e a Finlândia, entre a Alemanha e a Dinamarca, e até entre Portugal e a Espanha.

Em face do aumento concorrencial, nesse sistema do supercapitalismo, onde empresas de todo mundo brigam pelo mesmo cliente, pois a facilidade de transporte aumentou. Qualquer mínima alteração de custos, poderá fazer a diferença e

---

[82] REICH, Robert B.. **Supercapitalismo**: como o capitalismo tem transformado os negócios, a democracia e o cotidiano. Rio de Janeiro: Elsevier: Campus, 2008, p.98.
[83] VASQUES, 2016. Op. cit., p. 110.

nesse momento é que o tributo instituído para empresas ou consumidores de determinadas localidades, podem gerar efeitos relevantes. Que por vezes o repasse do custo pode não acontecer, dentre tantos fatores, o principal é a existência de concorrência, ocorrendo a repercussão para trás ou ascendente,[84] que ocorre quando da introdução de um novo custo, no caso o tributo, o vendedor, que pode envolver todos os elos da cadeia de produção de um produto, decide realizar a redução equivalente da margem de lucro, para que os preços e a competitividade se mantenham:

Há de ressaltar que o repasse somente não é realizado se a taxa de lucro existente ainda for satisfatória, não obstante isso, os efeitos de repasse dos custos são realidade para qualquer tributação, tanto que Alberto Deodato afirma que "o pensamento de que o imposto tem funções econômicas, sociais e políticas, data da criação dos primeiros tributos. Nunca houve tributo neutro [...]"[85], posto que qualquer modificação econômica possui reflexos no mercado.

A interferência por meio de tributos possui efeitos específicos quando aplicados aos agentes de comércio (ex. empresa, firma ou comerciante), como foi dito inicialmente, a busca pela redução de custos, preços e aumento da produtividade e lucratividade. Este último sendo a finalidade, por essência do ato comercial, acaba por guiar todo o desenvolvimento do produto ou serviço a ser prestado, portanto:

> É preciso que se tenha consciência de que, quando os economistas estudam o funcionamento do sistema econômico, estão tratando dos efeitos das ações de indivíduos ou organizações sobre outros que operam no mesmo sistema. [...] Indivíduos e organizações, ao atenderem a seus próprios interesses, serão responsáveis por ações que facilitam ou prejudicam o que outros desejam fazer. Podem fornecer ou retirar serviços trabalhistas, fornecer equipamento capital ou recusar-se a fazê-lo, emitir fumaça ou impedi-la, e assim por diante. O objetivo da política econômica é assegurar que as

---

[84] Ibidem., p.104.
[85] DEODATO, 1949. Op. cit., p. 147 e 148.

pessoas, quando decidem que rumo dar a suas ações, façam aquilo que trará o melhor resultado para o sistema como um todo. Como primeiro passo, parti do princípio de que isto fosse equivalente a maximizar o valor total da produção.[86]

E é essa premissa de maximizar a produção, que o tributo quando utilizado deve ter como base, pois o desenvolvedor do bem a ser comercializado, não se importa necessariamente com o meio utilizado ou se fogão que ele vai utilizar é alimentado pelo carvão, lenha, gás ou a luz solar, o que importa é se existe uma técnica mais barata, que seja mais produtiva para a produção do bem a ser comercializado. Ou seja, o tributo tem interferência nas empresas, quando existirem possibilidades diversas para atingir o mesmo fim, alterando apenas a qualidade do meio de produção para atingir o bem final.

Esse fato se mostra verdadeiro, que para realizar a proteção ambiental a EPA (Environmental Protection Agency - EUA),[87] possui como um dos objetivos a demonstração para as empresas que a eficiência energética é benéfica para o meio ambiente e gera uma redução de custos significativa, sendo a nova abordagem para a proteção ambiental, a demonstração de opções de menores custos econômicos, cuja é ambientalmente desejada. Utilizando dessa ideia, a prática indesejada é tributada e acrescida de mais um custo.

Portanto, quando da existência de dois meios para realizar o mesmo fim, a ação tendente do mercado é a busca do menor custo e quando a despesa for realizada, o valor será repassado para o preço. Sendo, quando o tributo incide valor do preço quem decide o efeito que vai ser gerado é o consumidor, pois ele que vai achar se o preço acrescido de um aumento de tributo será ou não comprado, já que todo o custo e aumento de carga tributária será repassado integralmente ao preço do consumidor[88]

[86] COASE, 2016, Op. cit., p. 28 e 29.
[87] SUNSTEIN, 2008. Op. cit., p. 195.
[88] SMITH, 1996, Op. cit., p. 323.

Nesse contexto, Adam Smith traça a seguinte afirmação com base no aumento tributário que incidia sobre as bebidas alcoólicas no reino inglês:

> Não há imposto que possa reduzir, por muito tempo, a taxa de lucro em qualquer ocupação, a qual sempre deve manter seu nível com outras ocupações vigentes na redondeza. Os atuais impostos sobre o malte, a cerveja e a cerveja inglesa não afetam os lucros dos que comercializam tais mercadorias, pois todos eles recuperam o imposto com um adicional, no preço aumentado das mercadorias que vendem. Sem dúvida, um imposto pode fazer com que as mercadorias sobre as quais incide sejam tão caras a ponto de gerar uma diminuição do consumo das mesmas. Todavia, o consumo do malte está no consumo de bebidas de malte; ora, seria difícil um imposto de 18 xelins por quarter de malte tornar essas bebidas mais caras do que o fazem atualmente os diversos impostos, que representam 24 ou 25 xelins. Pelo contrário, essas bebidas provavelmente diminuiriam de preço e seu consumo teria maior probabilidade de aumentar do que de diminuir. [...] O preço do malte para o cervejeiro sempre aumenta em proporção aos impostos que gravam o produto; e esses impostos, juntamente com os diversos impostos sobre a cerveja e a cerveja inglesa, sempre fizeram subir o preço dessas mercadorias para o consumidor, ou, o que dá no mesmo, fizeram baixar a sua qualidade para ele.[89]

Desse modo, para o agente do comércio, a simples majoração da tributação, não interfere por si só em sua atividade, podendo inclusive ter sua lucratividade elevada, sendo que nesse caso a interferência estará sendo aplicada ao consumidor e não ao produtor, como demonstra a passagem a seguir:

> [...]os estudos de campo confirmam nas *accises* modernas uma repercussão descendente integral e, por vezes mesmo, a sua repercussão com prêmio - isto é, o aumento do imposto é aproveitado pelos vendedores para arredondar o preço para

---

[89] Ibidem., p. 341 e 342.

cima, fenômeno que se pode imaginar facilmente no tocante ao café ou às bebidas alcoólicas. [90]

Isto posto, encontra-se que o tributo é elemento formador do preço e deve ser entendido como custo, o qual deve ser administrado de forma racionalmente calculada para atingir os fins últimos do comercio que é a máxima produtividade e lucratividade.

Esse efeito gerado pelos tributos na ordem econômica repercute também na esfera social e política. Com o entendimento desse reflexo existente é que o sistema tributário passou a ser utilizado para interferir na sociedade, esse aspecto sendo nomeado como função extrafiscal do tributo.

Interferência, na economia por meio do direito e mais especificadamente, pelo tributo é plenamente possível como sendo a função promocional do Direito e ganhou mais força com a ideia do Estado social. Sendo que os meios de atingir o fim intencionado, o tributo poder ser majorado ou ter sua formalidade e suas obrigações secundárias alteradas de forma a não facilitar o desenvolvimento da atividade, pois na produção todos os aspectos são analisados em busca de determinar sua viabilidade.

Estudo que é natural para o ato produtivo, sendo ele permeado de alguma racionalidade cartesiana, havendo sempre alguns erros, mas a busca pela viabilidade sempre existe, dificilmente fugindo da busca da maior produtividade.

Momento em que se chega ao entendimento que por si só o tributo é elemento de interferência no preço e consequentemente na produtividade, independentemente de ser o tributo qualificado como fiscal ou extrafiscal. O tributo pode inviabilizar algumas formas de produção, ressalte-se que somente quando houver alternativa, pois, caso não haja, todo o custo será repassado ao consumidor que determinará a viabilidade do negócio.

---

[90] VASQUES, 2016. Op. cit., p.106.

1.2.4.2 A interferência direta no consumidor

As explicações das interferências e como ocorre a influência do consumo, por meio da elevação do custo tributário, refere-se basicamente ao aumento do preço, sendo o efeito esperado a alteração na quantidade e/ou qualidade do bem consumido. Pois quando se altera o valor de um produto específico, haveria uma tendência, na busca do produto de menor preço e com base nisso, há a proposta de que, para interferir na espécie de um produto, por exemplo, o aumento dos preços de alimentos maléficos à saúde, com custos artificialmente elevados, seriam menos consumidos do que os alimentos saudáveis, que em comparação seriam mais baratos, pois o capital individual disponível seria constante e na busca da melhor alocação de recursos, ou seja, na busca de comprar mais alimentos, haveria a busca dos mais baratos, que são os saudáveis (exemplo destinado a buscar a alteração da qualidade de um produto). Já quando um gênero de produto tem seu preço alterado artificialmente pelo tributo e o capital disponível se mantém, a quantidade possível para aquisição é alterada, o primeiro exemplo que aborda a alteração de quantidade é, Tião ganha $50 ao mês, um quilo de carne custa $10, portanto, Tião somente poderá comprar 5 quilos de carne ao mês, se a carne de forma artificial for vendida por $5 o quilo, Tião no mês comprará os 10 quilos, comprando o dobro de carne inicialmente possível e o inverso ocorreria, se a carne que vale $10 for tributada 15 seu preço final será de $25, portanto Tião somente poderá comprar 02 quilos de carne. Já o segundo exemplo que aborda a tentativa de alterar a qualidade e utilizando o mesmo caso, indica-se que em face do Tião ter sua capacidade de compra reduzida para apenas 02 quilos de carne, mas com a implementação de tributação e pela necessidade de manter o consumo, provavelmente Tião passará a comprar legumes, que custa $0,20 o quilo, sendo mais barato que a carne e permite adquirir em quantidade necessária para manter a alimentação.

Assim sendo, o tributo pode interferir na qualidade e/ou na quantidade do produto a ser consumido. Mas os estudos realmente corroboram com esse entendimento? Aparentemente a resposta vai depender de várias especificidades e heurísticas, havendo a possibilidade de efeitos diversos dos inicialmente apresentados, os quais podem ser divididos em dois efeitos microeconômicos que são: "o efeito-preço, ligado à repercussão tributária; e o efeito-substituição, ligado à elisão e fraude fiscal."[91]

O primeiro efeito, está correlacionado à elasticidade dos preços e a rigidez do consumo, são elementos econômicos que indicam a correlação do preço e do consumo e em que nível um interfere no outro, fator que é explicado por Sergio Vasques da seguinte forma:

Ao lançar-se um imposto sobre um bem determinado, os consumidores poderão suportar o correspondente encarecimento, mantendo o consumo embora com perda maior do seu rendimento, ou poderão comprimir o respectivo consumo, substituindo-o por outro a que atribuam maior utilidade. O modo como os consumidores-contribuintes reagem ao acréscimo de preço induzido pelo imposto revela-se, porém, muito diverso consoante o bem que esteja cm causa.

Se o aumento percentual no preço de um bem provoca uma quebra percentualmente superior na quantidade procurada, diz-se que a procura é elástica - significa isso que, dentro de certo intervalo, qualquer aumento do preço induzido pelo imposto tem como resultado último a diminuição na receita angariada. Se o aumento percentual no preço de um bem provoca uma quebra percentualmente idêntica na quantidade procurada, a elasticidade da procura diz-se unitária, significando isso que dentro de certo intervalo, a receita tributária se mantém a mesma, qualquer que seja o peso do imposto. Se o aumento percentual no preço de um bem provoca uma quebra percentualmente inferior na quantidade procurada, a procura diz-se rígida. Significa isso que dentro de certo intervalo qualquer aumento do preço induzido pelo imposto gera um aumento da receita angariada.[92]

[91] VASQUES, 2016. Op. cit., p. 100.
[92] Ibidem. p. 54.

Há de se fazer uma observação acerca da elasticidade do preço do produto[93], o que demonstra que existe uma faixa de preço em que o consumo ocorrerá da mesma forma, sendo portanto necessária a modificação do preço acima da área de elasticidade para que haja alguma modificação no consumo, esta que não necessariamente terá uma relevante modificação, pois o aumento do preço e do lucro pode compensar a redução quantitativa na procura, tendo o produto a continuar a ser produzido. ou bens Vablen ou de ostentação,[94]como demonstra um estudo da Universidade Stanford e do Instituto de Tecnologia da Califórnia,[95] que utilizaram uma imagem de ressonância magnética funcional (IRMf)[96] para analisar a

---

[93] DONÁRIO, Arlindo Alegre; SANTOS, Ricardo Borges dos. **As elasticidades**. Lisboa: CARS. 2015. Disponível em <http://hdl.handle.net/11144/3166>. Acesso em: 20.nov.2017. p.09. A elasticidade do preço refere-se à faixa de preço em que o bem continuará sendo consumido (sendo procurado) na mesma proporção. Ou seja, é o preço máximo que o consumidor estaria disposto a pagar por um bem. Podendo ser o bem ser perfeitamente inelástico, ou seja, "que qualquer variação do preço desse bem não afeta a quantidade procurada, como tendem a ser algumas drogas, como a heroína, a cocaína e outras. Nestes casos a proibição legal do seu consumo tende a elevar o preço, tendo em conta que os consumidores têm uma procura rígida, e os vendedores consideram os custos do risco de serem apanhados e a oferta no mercado é mais limitada do que se não houvesse proibição legal."

[94] Ibidem., p. 16 "A utilidade obtida de uma unidade de um bem Veblen depende não só das qualidades inerentes ao bem mas também do preço pago por essa unidade do bem, que se traduz na utilidade obtida pelo consumidor devido aos efeitos externos, não funcionais [...] No caso bens com o efeito Veblen, o consumo é usado para ganhar e sinalizar o status do indivíduo, podendo o consumidor retirar utilidade do consumo do bem por pensar que outras pessoas têm inveja do consumo que ele faz [...]. Vários exemplos se podem dar quanto ao efeito Veblen. O consumo de vinhos antigos ou com determinada marca, cujos preços relativos são muito elevados, e cujas características intrínsecas não diferem muito de outros vinhos. Não obstante, o dizer-se que se bebeu determinado vinho, de determinada marca, com elevado preço relativo, constitui uma forma de o indivíduo tentar mostrar o seu status que pretende superior aos outros. Outro exemplo é a frequência de restaurantes de luxo, com preços relativos elevados, que podem ser frequentados não pela qualidade que pode existir, mas pelo efeito Veblen."

[95] LINDSTROM, Martin. **A lógica do consumo**: verdades e mentiras sobre o que compramos. Rio de Janeiro: Nova Fronteira, 2009. p.169.

[96] Equipamento que possibilita realização de exame que permite a observação dos impulsos neurais e as zonas de ativação cerebrais, possibilitando a

resposta de 20 pessoas, acerca do prazer sentido com vinhos de preços diferentes, mas era o mesmo vinho apresentado duas vezes, pesquisa que resultou do descobrimento que quando da apresentação do vinho com maior preço havia um aumento de atividade no córtex orbitofrontal medial dos indivíduos, o local destinado à percepção do prazer, ou seja, quanto maior o preço, maior o prazer. São fatores que subvertem a ideia inicial de que o homem busca apenas o bem mais barato. Uma análise da elasticidade de um bem é a seguinte:

> Foi esse o caso daquele que poderíamos dizer o primeiro dos impostos especiais de consumo dos estados modernos, o imposto sobre o sal, produto de que não se podia prescindir na conservação dos alimentos. E foi esse o caso de muitas das *accises* que se vieram a lançar nos países europeus sobre as aguardentes, os cereais, o pescado, o tabaco, os panos e as especiarias, produtos que a necessidade mais elementar ou a teimosia da moda tomavam de procura rígida. [...] foi este propósito o que ditou a escolha dos impostos sobre os combustíveis, tabaco e bebidas alcoólicas como aqueles a harmonizar ao nível da Comunidade, com a correspondente marginalização dos demais. Com efeito, consumos como os do tabaco, das bebidas alcoólicas, dos automóveis ou dos combustíveis são marcados por uma rigidez importante, sendo elevada a pressão fiscal que os contribuintes se mostram dispostos a suportar antes de prescindir do respectivo consumo.[97]

O segundo efeito microeconômico refere-se à substituição do bem propriamente dito, que é a permuta de um produto por outro, representa-se, por exemplo, pela mudança da utilização da manteiga por margarina, ou seja, bens que possuem uma proximidade e para o consumidor, dependendo da situação podem optar entre eles:

> O efeito-substituição consiste na subtração do contribuinte ao peso do imposto pela renúncia ao próprio fato tributário. A substituição pode tomar formas muito diversas. Pode dar-se

identificação de zonas de prazer como no caso.
[97] VASQUES, 2016. Op. cit., p. 55.

quanto ao objeto, substituindo-se o bem tributado por outro que o não seja, a cerveja pelos refrigerantes, por hipótese. Pode dar-se quanto ao tempo, alterando-se o momento do consumo em causa, como sucede quando se compra tabaco para guardar, antecipando uma subida do imposto. Pode dar-se quanto ao espaço, deslocando-se o consumo para outro território fiscal, como é frequente nas zonas fronteiriças, com o que se designa de cross-bordershopping. Pode dar-se quanto à pessoa, repartindo o consumo com pessoa diferente, capaz, por exemplo de beneficiar ainda de isenções quantitativas. Pode dar-se quanto à forma jurídica, substituindo-se o esquema jurídico tributado por outro que o não seja, a compra e venda pela consignação de mercadorias, admitamos. [98]

Os bens substituíveis,[99] esses tipos de bens possuem características de mercado únicas, as quais o preço não vai interferir na existência de consumo, pois no caso mais simples (bens substituíveis), o preço não vai interferir no tipo de produto pois, quem consome álcool, vai encontrar o substituto do whisky, na cerveja ou na cachaça ou o inverso, por vezes criando um ciclo de consumo.[100]

Sendo o que se modifica é a qualidade do produto e não a sua natureza (bebida alcoólica). Podendo a substituição não ser somente referente ao produto, pode ser referente à origem do produto, ou seja, se foi um produto que se submeteu a todas as obrigações fiscais ou não, que um produto semelhante teria que cumprir:

Como efeito-substituição pode também ser concebida a fraude fiscal, a subtração ao pagamento do imposto pela ocultação do fato tributável ou pela sua declaração falsa, embora esta se

---

[98] Ibidem., p. 109.

[99] DONÁRIO, Arlindo Alegre; SANTOS, Ricardo Borges dos. **A procura e a oferta**. Lisboa: CARS. 2015. Disponível em <http://hdl.handle.net/11144/3188>. Acesso em 20.nov.2017. p.10. "Um bem substituto é aquele que pode ser usado no lugar de outro, satisfazendo, pelo menos aproximadamente, as mesmas necessidades. Por exemplo, a margarina e a manteiga. Se o preço de um substituto aumenta a quantidade procurada do outro bem tende a aumentar"

[100] VASQUES, 2016. Op. cit., p. 109.

situe já no domínio da ilicitude. A propensão à fraude fiscal depende de um sem-número de fatores, [...] Mas depende, sobretudo, de um cálculo econômico em que o benefício a obter é confrontado com a probabilidade de detecção da fraude e com o custo que lhe anda associado. Quanto mais elevada a carga do imposto, portanto, maior a propensão à fraude e à formação de um mercado paralelo do bem tributado; quanto mais eficiente a fiscalização e mais grave a sanção, menor ela tenderá a ser. [...]. A subtração ao imposto de um único camião de bebidas alcoólicas ou de um contentor de tabaco pode representar uma poupança fiscal acima de um milhão de euros.[101]

Portanto, mesmo estabelecido por modelos econômicos em que o consumidor tende a maximalizar os custos, não é sempre que ela se realiza, a maioria das pessoas toma decisões sobre o que fazer e o que não fazer, com base em uma mistura complexa de razões de preferência, prudência e moralidade, mas é uma mistura que não precisa incluir a lei ou a eficiência econômica.[102] Pois quando se afirmar que o indivíduo é o melhor a tomar decisão, por conter o maior número de informações, refere-se não apenas a informações econômicas, mas também aos seus interesses íntimos e egoístas, como demonstra a passagem a seguir:

Em seguida, ele procura maximizar sua utilidade, quer dizer, a satisfação obtida pelo consumo quantitativo dos produtos. No entanto, em várias situações, o consumidor não se preocupa em otimizar seu comportamento, mas contenta-se com um nível "satisfatório" para as características julgadas como essenciais do produto procurado (qualidade, preço etc.): é quando de um momento para outro, fazendo shopping, o consumidor decide passar ao ato de compra, mesmo sabendo que, se continuasse sua busca, encontraria melhor e mais barato. De outro modo, o indivíduo não prefere sempre "o mais ao menos", principalmente quando se trata de produtos qualitativamente diferenciados. Ele poderá, por exemplo, considerar que o comprimento ideal de um veículo é de quatro metros e apreciar os diferentes modelos em razão deste ponto ótimo, que na

[101] Ibidem., p. 110 e 111.
[102] SCHAUER, 2015. Op. cit., p. 50.

realidade dos fatos não corresponde ao limite máximo do atributo escolhido.[103]

Dessa forma, a multa e o tributo tende a ser considerado apenas como um preço a ser pago para engajar em uma certa forma de comportamento.[104] Como foi observado na empresa ferroviária PG Wodehouse em 1927, em busca de evitar que pessoas puxassem os freios de emergências sem necessidade, instituiu uma multa de 5 libras, contudo, personagens despreocupados e ricos viam a quantia, não como uma penalidade, mas como um preço, e um tanto razoável, pela emoção de parar um enorme trem, portanto o ato indesejado teve continuidade.

Por fim, há de se analisar a utilização do efeito indutor da norma tributária, devendo ser tratado como um remédio, como afirma Schoueri,[105] pois quando aplicado acima da dosagem e para a doença errada ele causará efeitos colaterais danosos que podem superar os efeitos desejados, sem que haja o resultado desejado, podendo gerar a insatisfação populacional e efeitos inflacionários.

Sendo os estudos mais aprofundados dos bens diferenciados e o nível de elasticidade do preço e demais fatores de influência do consumidor, serão estudados mais à frente, no decorrer do trabalho, devendo inicialmente ser realizada a possibilidade de aplicação do aumento do tributo para alterar o consumo de diversos produtos, pois toda a doutrina apresentada, que o fundamenta foi desenvolvida em um tempo diverso do atual, criando sob a proteção do período monarquista autoritário ou do Estado social. Devendo ser realizada a análise e essa doutrina formada, se coadunar com os atuais fundamentos do Estado democrático de direito e é o que se pretende no próximo capítulo.

---

[103] KARSAKLIAN, Eliane. **Comportamento do consumidor**. 2ª ed. São Paulo. Atlas, 2008, p.22.
[104] SCHAUER, 2015. Op. cit., p. 131-132
[105] SCHOUERI, 2005. Op. cit., p.54

2 A DELIMITAÇÃO DO SISTEMA JURÍDICO-ECONÔMICO

Neste momento após realizar a apresentação do objeto, chega o momento de que há de ser apresentada a análise da limitação jurídica, que possui também fundamentos econômicos para a utilização da matéria tributária, com sua função extrafiscal, para interferir no consumo.

Para concretizar esse intento é necessário realizar primeiro uma identificação da forma de Estado no aspecto de nível de interferência na liberdade individual em que deve utilizar como parâmetro, o Estado democrático de direito que se desenvolveu pelo movimento histórico nos últimos séculos, no qual predominou inicialmente o Estado liberal, com sua liberdade absoluta, que posteriormente foi defrontado pelo Estado social na busca de solucionar mazelas sociais, mas gerou governos absolutistas.[106] Sendo a síntese dessas duas formas de Estados, o fundamento base atual, no qual será posto o nível de interferência possível na liberdade individual e na livre iniciativa pelo Estado, pois há ainda muita indefinição quanto quais os elementos que pertencem aos Estados liberal e social, que não mais fazem parte do Estado democrático de direito, ou pelo menos não no mesmo nível. Em segundo, apresentará os elementos específicos que limitam a tributação, tendo como elemento mais importante a proporcionalidade, pois será

---

[106] Cf. MOREIRA, Armando R. G.. Estado democrático de direito: autonomia individual e auxílio social pela tributação. In: João Luis Nogueira Matias. (Org.). **Relações Privadas, direitos humanos e desenvolvimento nos 30 anos da Constituição**. Fortaleza: Mucuripe, p. 162-173., 2018.

aplicado para observar se o tributo foi eficaz e se ele será mantido.

Portanto, ultrapassada a identificação dos elementos formadores do Estado democrático de direito, eles devem ser chocados com a intervenção estatal por meio do aumento do custo de produção provocado pelo sistema tributário, apresentando as diretrizes para sua devida utilização.

2.1 O TRIBUTO NO ESTADO DEMOCRÁTICO DE DIREITO

A atual estrutura estatal é denominada como Estado democrático de direito, forma que se firma após a existência e experiência de vários modelos de Estados na história, dentre os quais se deve ressaltar o Estado liberal e o social, os quais influenciaram a sua formação, principalmente nos elementos da liberdade individual e da intervenção estatal.

Sendo a liberdade e intervenção sobre a ação do homem, os elementos que balanceiam para se buscar a melhor vivência em sociedade. E o principal embate para o Estado e o objeto inicial utilizado para isso é o tributo. Tributo que sempre foi utilizado para satisfazer o bem-estar do ente governante, o qual iniciou a sua função social e regulação com a limitação do Estado.

Partindo assim, a se questionar o que vem a ser o atual Estado democrático de direito para o limite da liberdade individual? E para resolução dessa questão, constitui necessária a apresentação dos fundamentos do Estado democrático de direito e qual as suas delimitações para a intervenção estatal, que utilizando da função extrafiscal do tributo, por meio do aumento do custo tributário, para realizar a alteração do consumo.

2.1.1 A neutralidade do conceito do modo de vida bom

O surgimento do Estado democrático de direito, ocorreu pela busca novamente da liberdade como valor principal, como no Estado liberal, mas não da igualdade formal como foi nos séculos XVIII e XIX, mas com uma igualdade substancial com a defesa do mínimo básico de proteção social[107]. Com base nessa dicotomia de garantir o máximo de liberdades juntamente com a garantia de direitos sociais é que gera grande parte das questões atuais que os estudiosos se debruçam. Sendo que Juarez Freitas indica que o Estado deixou de ser mínimo ou máximo, ele é essencial, sendo que o "Estado essencial busca ter o tamanho viabilizador do cumprimento de suas funções, nem mínimas, nem máximas, simplesmente essenciais."[108]

E o primeiro resgate da liberdade pelo Estado democrático foi a neutralidade econômica à qual todos estariam vinculados. Nessa questão específica, Jonh Rawls é o autor escolhido, o qual se concilia com os fundamentos do Estado democrático de direito, para determinar como se apresentará essa intervenção estatal e qual o conceito da neutralidade. Para iniciar essa busca o próprio Rawls quem explica seu posicionamento:

> Cada pessoa possui uma inviolabilidade fundada na justiça que mesmo o bem-estar da sociedade como um todo não pode sobrepujar. Por isso, a justiça nega que a perda da liberdade por alguns possa ser justificada pelo bem maior compartilhado por outros. A justiça não permite que os sacrifícios impostos a alguns possam ser compensados pela soma maior de benefícios desfrutados por muitos. Em uma sociedade justa, por este motivo, as liberdades da cidadania igual são vistas como estabelecidas; os direitos assegurados pela justiça não são sujeitos à negociação política ou ao cálculo de interesses sociais. [109]

---

[107] SIQUEIRA, Natércia Sampaio. **Tributo, mercado e neutralidade no Estado Democrático de Direito**. Rio de Janeiro: Lumen Juris, 2012, p. 54 e 55

[108] FREITAS, Juarez. **Estudos de direito administrativo**. 2. ed. São Paulo: Malheiros, 1997, p. 33 e 35.

Portanto, se extrai que a neutralidade, que deve ser fundamento basilar do Estado democrático de direito, é relacionada à concepção de viver bem. Pois como defende John Stuart Mill, as criaturas humanas não são iguais físicas e espiritualmente para aplicar-lhes um único modelo, como se fossem um rebanho de carneiros, pois "para um, certo modo de vida é estímulo sadio, mantendo na melhor ordem as suas faculdades de ação e de gozo; para outro, é carga pesada que paralisa ou aniquila toda a sua vida interna."[110]

Há também uma contradição em que há duas determinações, é que a pessoa tem que renunciar a determinados prazeres e realizar sacrifícios para obter uma vida longa e saudável, mas deve buscar a satisfação plena de seus desejos e buscar a experiência da maior quantidade possível dos tipos de prazeres. "Em outras palavras, deveríamos ter duas vidas ao mesmo tempo: uma para nos cuidar e outra para nos gratificar. Surgem as soluções de compromisso: sacrifício nos dias de semana e deleites em exagero nos fins de semana e nas férias."[111]Sendo dois conceitos distintos de vida que a escolha caberá ao indivíduo.

Utilizando a escolha indicada pelos paternalistas liberais, que é a escolha da vida e sua manutenção, há um problema que é a própria divergência científica, pois, usando como exemplo o consumo de bebida alcoólica é tida como benéfica,[112] uma taça de vinho ao dia faz bem ao coração e pra memória, uma cerveja depois dos treinos físicos recupera a massa muscular, de forma

[109] RAWLS, John. Uma Teoria da Justiça. In: BORGES FILHO, Nilson. **Direito, estado, política e sociedade em transformação.** Porto Alegre: Fabris, 1995, p. 44.

[110] MILL, 1991. Op. cit., p.122.

[111] GIKOVATE, Flávio. **Mudar:** caminhos para a transformação verdadeira. São Paulo: MG Editores, 2014. p. 53.

[112] LEONARDI, Ana Carolina. **Beber só um pouquinho ajuda o cérebro a "fazer faxina".** Revista Super Interessante. 27.ago.2018. Disponível em: <https://www.msn.com/pt-br/saude/medicina/beber-só-um-pouquinho-ajuda-o-cérebro-a-"fazer-faxina"/ar-BBMoqCr?ocid=spartanntp>. Acesso em: 27.ago.2018.

contrária, há estudiosos[113] que apresentam pesquisas que qualquer quantidade de álcool faz mal para pessoas acima de 50 anos, pois aumentará o risco de câncer. Essa é uma exemplificação das possíveis divergências que podem existir e constantemente ocorrem, como o benefício ou malefício de comer ovo, glúten, proteína animal etc., considerando que as duas pesquisas estejam certas, a escolha deve retornar ao indivíduo. Isso demonstra que a análise deve ser realizada pelo indivíduo, pois se indicar que comer insetos "fazer bem à saúde do intestino, e até reduzir inflamações gerais do corpo,"[114] conforme pesquisadores da Universidade de Wisconsin-Madison, nos Estados Unidos. O Estado obrigaria as pessoas a comerem grilo? Provavelmente, muitas pessoas prefeririam permanecer com os problemas de saúde, ao ter que comer insetos.

A teoria construída por Jonh Rawls se estrutura na busca de que o Estado seja neutro e não possua nenhum conceito acerca do que vem a ser viver bem, "a sociedade não deve ser constituída a partir de determinada doutrina compreensiva; o Estado não deve agir em comprometimento com a concepção do que seja bom e valoroso para a classe dominante" ou qualquer outro grupo.[115] Pois, ao contrário do ideário contratualista existente na revolução francesa em que a lei, criada pela vontade da maioria, pode sobrepujar totalmente à vontade individual, na nova concepção de neutralidade, há um núcleo indisponível da autonomia individual. Sendo esse núcleo composto por liberdades básicas que "são definidas por direitos e deveres institucionais que dão aos cidadãos o direito de agir como desejarem e que impedem os outros de interferir"[116]. Nesse

---

[113] **Nem uma taça de vinho por dia, recomenda estudo**. Jornal Diário do Nordeste. 28.ago.2018. Disponível em: <http://diariodonordeste.verdesmares.com.br/editorias/verso/online/nem-uma-taca-de-vinho-por-dia-recomenda-estudo-1.1991536> Acesso em: 28.ago.2018.

[114] LUISA, Ingrid. Comer grilos pode fazer bem à saúde, diz estudo. **Revista Super Interessante**. Publicado em: 28.ago.2018. Disponível em: < https://www.msn.com/pt-br/saude/nutricao/comer-grilos-pode-fazer-bem-à-saúde-diz-estudo/ar-BBMlHPR> Acesso em: 28.ago.2018.

[115] SIQUEIRA, 2012. Op. cit., p. 03.

[116] RAWLS, John. **Justiça e democracia**. São Paulo: Martins Fontes, 2000,

sentido Barroso indica que governo da maioria, não é mais o conceito de democracia, o qual passa a ser o respeito aos mais diversos valores individuais como direitos fundamentais, devendo o Estado adotar ações em que todas as concepções sejam possíveis, dessa forma, "democracia significa que os vencidos no processo político, assim como os segmentos minoritários em geral, não estão desamparados e entregues à própria sorte."[117] Portanto, o sistema democrático é concebido por Rawls não somente "como um regime político caracterizado pelo sufrágio livre, direto, secreto e universal, mas como um modelo de sociedade caracterizado pela cooperação equitativa entre pessoas que professam diferentes concepções do bem."[118]

Esse pensamento adotado por Rawls não está isolado, Dworkin em sua teoria da justiça inicia tecendo suas ideias e apresenta as mesmas afirmações, conforme se observa na transcrição do seu raciocínio:

> O que significa para o governo tratar os cidadãos como iguais? Essa questão, penso, é igual à questão do que significa para o governo tratar todos os cidadãos como livres, como independentes ou com igual dignidade. De qualquer modo, é uma questão que tem sido central para a teoria política desde Kant, pelo menos.
> Pode-se responder de duas maneiras fundamentalmente diferentes. A primeira considera que o governo deve ser neutro sobre o que se poderia chamar de questão de viver bem. A segunda supõe que o governo não pode ser neutro em tal questão porque não pode tratar os cidadãos como seres humanos iguais sem uma teoria do que os seres humanos são [...] A primeira teoria da igualdade supõe que as decisões políticas devem ser, tanto quanto possível, independente de qualquer concepção particular do que é viver bem, ou do que dá valor à vida. Como os cidadãos de uma sociedade divergem em suas concepções, o governo não os trata como iguais se prefere uma concepção à outra, seja porque as autoridades

p. 176.
[117] BARROSO, Luís Roberto. A razão sem voto: o Supremo Tribunal Federal e o governo da maioria. In: **Revista brasileira de políticas públicas**. Brasília: v. 5, Número Especial, p. 23-50, 2015, p. 36 e 37.
[118] SIQUEIRA, 2012. Op. cit., p. 110.

acreditam que uma é intrinsecamente superior, seja porque uma é sustentada pelo grupo mais numeroso ou mais poderoso.[119]

Um elemento que tem peso na argumentação na determinação de que o Estado deve ser neutro, está na passagem final, de Dworkin, quando indica que o governo não tem capacidade de respeitar todas as vontades individuais, pois quem está no poder irá valorar algum conceito superior a outro ou por ser pressionado por grupos para que suas concepções de viver bem sejam aplicadas. O pensamento de que alguns devem guiar o caminho dos outros é comum, principalmente visível nas doutrinações religiosas que utilizam o argumento de uma escolha de vida como sendo um mau hábito, ação pecaminosa ou ato moralmente reprovável, são ótimos, pois aproveitam a fraqueza por ser minoria e utilizam para suprimi-los com punições ou tributos, como foi aplicado anteriormente para pessoas que não possuíam filhos:

> |...| Smith mudou nossa noção do que 'a questão da pobreza' é; seus predecessores viam 'a questão da pobreza', primariamente, como o problema de como lidar com os vícios e a criminalidade das classes inferiores. Poucas pessoas antes de Smith pensavam que o mundo deveria, e muito menos que ele poderia, dispensar uma classe de pessoas pobres. Até o final do século XVIII, a maioria dos cristãos acreditava que Deus havia ordenado uma organização hierárquica da sociedade, com as pessoas verdadeiramente virtuosas ocupando as posições de riqueza e poder, no topo, e 'os tipos pobres e inferiores' na posição mais baixa. Obviamente, supunha-se que as pessoas no topo devessem ajudar as que se encontravam na posição mais baixa, mas não o suficiente para elevá-las do lugar que lhes era próprio. Entendia-se a caridade como um meio de redenção, e a existência de pessoas pobres como parte integral do plano de Deus para a vida humana.[120]

---

[119] DWORKIN, Ronald. **Uma questão de princípio**. Tradução: Luís Carlos Borges. São Paulo: Martins Fontes, 2000, p.285 e 286.
[120] FLEISCHACKER, Samuel. **Uma breve história da justiça distributiva**. Tradução: Álvaro De Vita. São Paulo: Martins Fontes, 2006, p. 94-95.

A neutralidade acerca da concepção do que é viver bem é necessária, pois há falsos argumentos que podem ser utilizados pelo Estado para implementação de tributos para aumentar a arrecadação, como exemplo o discurso do João Figueiredo, presidente do Brasil:

> Os governos sempre encontram argumentos para instituir tributos. Geralmente de cunho demagógico, de forte apelo ao sentimento das pessoas, que terminam comovidas e se submetem às novas exigências. Quando o Presidente João Figueiredo comemorava a instituição do FINSOCIAL, com alíquota de 0,5% (meio por cento) incidente sobre o faturamento das empresas, disse emocionado, chorando, que agora a pobreza seria erradicada de nosso País.[121]

A estrutura normativa brasileira não estabelece um conceito legal sobre a extrafiscalidade. "Tal situação implica em aumento de incerteza sobre este conceito, bem como na insegurança sobre a sua utilização abusiva ou insuficiente."[122] Devendo o interprete dar a preferência para a prevalência da esfera da liberdade sobre a esfera da intervenção, bem como na proteção contra as normas que exijam sacrifícios.

Ainda há de se observa as facilidades políticas de se realizar o aumento da tributação, principalmente sobre os tributos especiais, os quais delimitam um grupo de consumidores, que não compõem relevância numérica[123] e já são ou passaram a ser descriminados, conforme narra Sergio Vasques, é mais um motivo para a existência da neutralidade:

---

[121] MACHADO, Hugo de Brito. Carga tributária e gasto público: propaganda e terceirização. In: **Revista jurídica da faculdade 7 de setembro**, Fortaleza, v. 3, p. 107-117, 2006, p.107.

[122] CALIENDO, 2016. Op. Cit., p. 196 e 197.

[123] A busca por minorias está vinculada a sua pequena possibilidade de contestação do tributo e revolta popular. Pois provavelmente, se os atingir um grande grupo, o tributo poderá sofrer severas contestações, como ocorre no final do ano de 2018, na França, com a revolta dos coletes amarelos, a qual contesta e paralisa o país contra um tributo sobre os combustíveis na busca reduzir seu consumo e proteger o meio ambiente.

os impostos especiais de consumo são impostos violentos, mas de uma violência que se abate sobre parcelas isoladas da população, sobre os 20% que bebem regularmente cerveja ou sobre os 30% que fumam quotidianamente tabaco. Sendo impostos seletivos, os impostos especiais de consumo não suscitam nunca oposição generalizada, suscitam a oposição das minorias que os sofrem, sendo encarados pela maioria dos contribuintes como um problema alheio. A chave para a aceitação social das accises passa, portanto, pela divisão dos contribuintes num mosaico de minorias desencontradas, grupos sociais sem ponto em comum que não o sofrer o imposto, grupos com laços fracos e reduzida capacidade de mobilização política.[124]

Deste modo, pela possibilidade substancial de que o governo não represente todos os conceitos do modo de viver bem é que o Estado democrático de direito deve se manter neutro. Mas há o questionamento, se o governo que é a formado pelos representantes do povo, está desacreditado em concretizar um modo de vida, como esse bem social pode se concretizar? A resposta encontrada por Rawls, Dworkin e Hayek dentre outros, foi o mercado, como apresentado a seguir.

2.1.2 O mercado como solução

O mercado foi escolhido como o melhor meio para a concretização das concepções individuais de se viver bem, pois naturalmente há a adequação dos recursos para saciar os desejos dos consumidores, quando em condições de igualdade e com a capacidade de escolha não viciada, conforme há a indicação por Adam Smith, que abordava a mão invisível do mercado, teoria que deve ser complementada pelos ensinamentos de Hayek, [125] que analisa a efetividade de realocação dos recurso de acordo com as vontades individuais, fazendo uma comparação, quando

---

[124] VASQUES, 2016. Op. cit., p. 62-64.
[125] CATARINO, João Ricardo. **Redistribuição tributária**: Estado social e escolha individual. Coimbra: Almedina, 2008, p. 223.

o Estado o faz e quando é deixado para o mercado.[126] Entende-se que a complexidade de fatores que devem ser analisados, que são compostos por fenômenos sociais e econômicos, que em muitas das vezes não são uma informação pública, são objetos impossíveis de cálculo para a mente humana ou qualquer ferramenta atual, indo de encontro do entendimento estabelecido por Keynes. Mas no mercado em livre concorrência, o sistema de preços realiza de forma satisfatória a análise dessas variáveis, mas ainda com algumas imperfeições. Pois o cálculo é disseminado por todos os agentes, inclusive o indivíduo, que mesmo de forma a desconhecer toda a racionalidade das ações as quais são necessárias para que seu desejo seja atendido, o mercado agirá para satisfazê-lo:

> E, como nunca se podem conhecer todos os pormenores das modificações que influem constantemente nas condições da oferta e da procura das diferentes mercadorias, e nenhum órgão tem a possibilidade de reuni-los e divulgá-los com suficiente rapidez, torna-se necessário algum sistema de registro que assinale de forma automática todos os efeitos relevantes das ações individuais – sistema cujas indicações serão ao mesmo tempo o resultado das decisões individuais e a orientação para estas. É justamente essa a função que o sistema de preços desempenha no regime de concorrência, e que nenhum outro sistema sequer promete realizar.[127]

A análise realizada por Hayek, indica que o número de variáveis existentes para a tomada de decisões é tamanha que fica impossível para um único intelecto humano acompanhar o número incalculável de dados e a velocidade com que ocorrem e exigem análises. Por isso o governante é a pior escolha para

---

[126] Entendimento que é corroborado por Bowles ao analisar o problema do legislador, quando compara o comerciante e o diplomata e suas motivações, entende que o comerciante, agindo com altruísmo ou por egoísmo ele tenderá a agir pelo desejo da sociedade e de seu cliente, enquanto o diplomata buscará a mentira como ato normal para obter os maiores resultados. Cf. BOWLES, Samuel. **The moral economy**: why good incentives are no substitute for good citizens. New Haven: Yale University Press. 2016.
[127] HAYEK, F.A. **O caminho da servidão**. 6ª ed. São Paulo: Instituto Ludwig Von Mises Brasil. 2010, p. 69 e 70.

encontrar e atender a concepção do que é viver bem de cada pessoa. Essa afirmação não exclui completamente a participação do Estado, ela indica que o primeiro e principal meio de satisfação dos anseios pessoais é o mercado e posteriormente, para sanar as distorções, o Estado deveria agir. Por isso que Ronald Dworkin ao desenvolver a teoria da igualdade, "utiliza-se da compreensão de que o mercado reflete com fidelidade a soma das preferências pessoais, o que o toma elemento imprescindível à neutralidade e à igualdade."[128] Sendo esse pensamento refletido pela argumentação de que, em um mundo hipotético no qual o Estado todos os dias distribuísse igualmente todo o dinheiro, comida, casas e todos os produtos existentes e todos tivessem as mesmas possibilidades desde o nascimento e que o conceito de viver bem fosse o mesmo para todos, nesse mundo o princípio da igualdade foi cumprido. Mas se esse mundo tivesse uma única alteração e fosse de que as pessoas teriam seus desejos independentes e diversos, o único meio de buscar a igualdade de tratamento é se utilizando de dois mecanismos: "o mercado econômico, para decisões sobre que bens serão produzidos e como serão distribuídos, e a democracia representativa, para decisões coletivas sobre que conduta será proibida ou regulamentada para que outra conduta se torne possível ou conveniente."[129] E a aplicação do tributo em estudo está enquadrada no que não foi proibido e está dentro do regulamento social, portanto o mercado sem interferência é o meio democrático.

Dessa forma os diversos grupos e as minorias teriam seus desejos atendidos, como apresenta o seguinte exemplo: suponha que toda a alocação de recursos e tomada de decisões seja estatal, mais severo do que na Rússia no auge de seu sistema planificado, quando passaria pelo pensamento do planejador em ordenar a fabricação de um suporte veicular para vara de pesca com molinete, ou outros diversos produtos que nunca imaginou-se e é de grande utilidade, assim como ocorre diariamente quando em buscas por sites de compras. A menos se o

---

[128] SIQUEIRA, 2012. Op. cit., p. 66.
[129] DWORKIN, 2000. Op. cit., p. 288-289.

governante praticasse pescaria, talvez é que perceberia essa necessidade. [130]

Portanto, em conclusão, o mercado se apresenta de forma momentânea como o melhor meio possível para atender as concepções individuais de viver bem, conforme indica Natércia Siqueira, [131] quando afirma que as pessoas de forma individual juntariam um quinhão necessário para produzir o bem ou realizar o serviço que lhe satisfaça, observando seus gostos, sem a necessidade de agir por parte do Estado e sem que ele imponha uma concepção de uma forma de vida boa, tudo sendo realizado pelo sistema de mercado.

2.1.3 A possibilidade de intervenção

Nesse momento, quando já ficou claro que o mercado é o meio mais adequado do que o Estado para atender as concepções individuais de viver bem, há de se afirmar e levar em conta, na formação doutrinária, a realidade que o mercado funciona e atende a todos os desejos em perfeição, somente acontece em um mundo idealizado, onde todos possuem as mesmas oportunidade, não estão em desvantagem em nenhum aspecto, além do mercado não possuir nenhuma falha de informação e de concorrência.

Mas possuindo o entendimento de que apesar de ser o melhor instrumento para atender os desejos individuais, deve-se saber que existem problemas e quando esses problemas ocorrem é possível saná-los e é nesse momento em que o Estado democrático de direito, que estava inerte para que as pessoas buscassem suas concepções individuais de vida boa, sai da inércia e deve agir para que a igualdade material seja alcançada. Quando há uma sociedade em que existem diferenças de rendas,[132] os mais abastados conseguem realizar as suas vontades, já quem

---

[130] RIDLEY, Matt. **O otimista racional**: porque o mundo melhora. Tradução de Ana Maria Mandim. Rio de Janeiro: Record. 2014, p. 93-94
[131] SIQUEIRA, 2012. Op. cit., p. 137.
[132] Ibidem., p. 138.

não possuir riqueza sofrerá, para igualmente, concretizar o que julgam valoroso na vida. Nesse momento o Estado deve agir, para quem não tem condições de estabelecer sua concepção de vida, tenha a possibilidade de oportunidades para desenvolvê-la.

Desse modo, se observa a necessidade do Estado interferir, agindo e implantando as suas políticas públicas, as quais devem apenas ter o condão de possibilitar que todos possuam a capacidade, material, intelectual etc., de escolher a sua concepção de viver bem, corrigindo o problema de quem livremente não consegue desenvolver a concepção de vida boa. Assim, em busca de garantir a possibilidade material da geração futura, o Estado deve garantir recursos naturais e um meio ambiente saudável, implementando o princípio da sustentabilidade.[133]

E o governo, no Estado democrático de direito, também não pode reduzir ou alterar a capacidade de quem já a possui, dessa forma, as ações do Estado não podem ultrapassar esse fim, limitação que reflete na tributação e na sua função extrafiscal. "Acontece que o vigor e a autonomia pessoal podem ser comprometidos tanto pela ausência de ajuda quanto pelo excesso de ajuda."[134] Conforme indica Natércia Siqueira:

> [...] aplicando à neutralidade tributária as conclusões acerca da neutralidade a que se chegou ao incursionar pelas teorias liberais de Rawls e Dworkin. A tributação adequadamente neutra é a que realiza uma eficiente política de distribuição, de forma a possibilitar a justa oportunidade de participação na vida econômica, social e política. Ainda sob referida perspectiva, justifica-se a política extrafiscal: a utilização dos tributos com propósitos de intervenção nas normas e regras sociais. Mas a tributação adequadamente neutra deve observar a preferência do mercado como o instrumento a determinar os bens a serem produzidos, a forma de distribuição e o custo dos vários estilos de vida permitidos em Uma democracia. Mais: o tributo não deve intervir nas preferências e gostos individuais acerca de como viver bem; nem deve criar uma relação de

---

[133] Cf. FREITAS, Juarez. **Sustentabilidade**: direito ao futuro. 2. ed. Belo Horizonte: Fórum, 2012.
[134] MILL, 1996. Op. cit., p. 538.

dependência entre o indivíduo e o Estado, o que faz ao prejudicar os meios de que dispõe o contribuinte ao provimento das suas necessidades básicas.[135]

Devendo os tributos, obedecerem a uma ordem de preferência em sua aplicabilidade[136], que é ordenada pelo nível de interferência que ele possui, sendo a seguinte ordem a ser desenvolvida: primeiro deveria ser tributado apenas o rendimento pessoal, o qual deve ser a base da captação financeira a sustentar toda a máquina estatal; em um segundo momento realiza-se o imposto sobre o rendimento das sociedades, este em menor escala, pois já seria uma tributação a mais no rendimento do empresário e tem o condão direto de interferir na organização comercial e por último e posição subalterna e complementar estariam os impostos gerais sobre o consumo, pois estes interferem indiscriminadamente, sem a clareza e legitimidade argumentativa, em relação aos outros dois. Pois o tributo não deve possuir a intenção de modificar o caráter moral, como explica a suprema corte alemã ao possibilitar a tributação de atividades ilegais, entendimento este que é acompanhado pela maior parte dos sistemas fiscais-tributários do mundo, com a finalidade de maior arrecadação:

> é assim que o *Supreme Court* vem argumentando para excluir a dedutibilidade, em certos casos, das despesas directas com as actividades ilícitas, infirmando, de algum modo, a ideia dos pais do *Income Tax Act*, de que a lei fiscal não visa reformar o carácter moral dos homens, solução aquela aplaudida por K . TIPKE , que justamente afirma que o direito alemão devia avançar no sentido de não deduzir ao rendimento tributável as despesas com a corrupção e demais despesas contrárias à lei ou aos bons costumes.[137]

Mas, como já indicado, a neutralidade no Estado democrático de direito, diferentemente do Estado liberal, não está restrita à abstenção estatal, nele está também inserido uma

---

[135] Ibidem., p. 04.
[136] VASQUES, 2016. Op. cit., p.41.
[137] NABAIS, 1998. Op. cit., p. 614.

feição de ação positiva, por meio da cobrança tributária, desde que respeitada a espontaneidade de funcionamento do mercado em realocar os bens de acordo com os desejos individuais:

> [...] abstendo-se de impor concepções de vida a determinar quais os bens que devem ser produzidos e a que custo. Mais: a tributação deve abster-se de prejudicar as liberdades fundamentais do contribuinte; não deve impor políticas distributivas e realizar políticas de intervenção cultural, econômica e social ao ponto de tutelar o indivíduo, influindo ou mesmo determinando as suas escolhas de estilo de vida. Já pela feição positiva da neutralidade tributária, o Estado, através de tributos, deve realizar uma política distributiva eficiente. A feição positiva da neutralidade também está a permitir políticas tributárias de intervenção na cultura e em outros setores da sociedade civil e do mercado econômico.[138]

Dessa forma, há a possibilidade de intervenção do Estado por meio de tributos em busca de viabilizar que determinadas escolhas individuais que o mercado não consiga satisfazer, portanto, quando da omissão do sistema econômico, a ação governamental estimularia as atividades de pouco interesse ao mercado, "já que não são compensatórias pelo viés do lucro. Mesmo nestes casos, é possível justificar-se o apoio às atividades culturais pelo Estado, sem se contrapor à neutralidade."[139] Sendo um exemplo disso, as isenções concedidas a templos religiosos e os incentivos aos jornais e todos os tipos de publicações,[140] que foi compreendido que qualquer tributação sobre esses itens poderia destruir a sua realização, que são entendidos como principais meios que promovem direitos fundamentais.

Sendo então possível o financiamento de atividades, para que as concepções individuais de vida boa sejam concretizadas, quando não atendidas pelo mercado, o que possibilitaria o fomento público de casas de ópera, concertos de jazz etc. Ressaltando que um limitador aplicado a todos (indivíduo e

---

[138] SIQUEIRA, 2012. Op. cit., p. 150.
[139] Ibidem., p. 236.
[140] Ibidem., p. 172.

Estado) é a capacidade financeira. Devendo ressaltar novamente, que a intervenção tributária não pode se destinar a interferir nas concepções de viver bem e que essas ações sejam subsidiárias ao mercado, devendo sempre realizar uma análise de razoabilidade e proporcionalidade para com o princípio máximo do Estado democrático de direito, que é a neutralidade, para não criar um estado paternalista. [141]

Dessa forma, conclui-se que o Estado não pode realizar valoração de uma forma de vida boa, que será obtida por meio do mercado, o qual possibilita a satisfação da vontade de cada indivíduo, havendo ação por parte do Governo, apenas para sanar as falhas de mercado para aqueles que não tiverem a possibilidade de concretizar seus desejos. Mas se o conceito de vida causar dano a outros, o Estado pode intervir? Essa resposta será respondida no tópico a seguir.

2.1.4 A tributação e a responsabilização

Nesse momento, há de se ressaltar que a liberdade individual para escolher e desenvolver os seus gostos e prioridades não está desvinculada da responsabilidade dos seus atos praticados, responsabilização que permite a tributação em prol de corrigir as externalidades negativas, ou seja, buscaria ressarcimento aos danos causados pelas escolhas individuais, como explicado por Holmes e Sunstein e a sua correlação intrínseca entre direitos e deveres, sendo o primeiro somente possível pela existência do segundo:

> Nevertheless, rights and responsibilities can hardly be separated; they are correlative. The mutual dependence of rights and responsibilities, their essential inextricability, makes it implausible to say that responsibilities are being 'ignored" because rights have 'gone too far'[...] Ordinary contract law prohibits American courts from enforcing irresponsible debts, such as those contracts among gamblers. Such interdictions are

---

[141] Ibidem., p. 244.

natural, for contract law as a whole system for enforcing social responsibilities. The right of a promise for breach of promise is the classical illustration of the thesis that rights and duties are correlative. And the patter is general. Is Smith has a right to his property, then Jones has a duty not to trespass upon it. If Jones has a right to a percentage of the proceeds from his bestseller, the publisher has a duty to send him what he is due. To protect the rights of Smith the nonsmoker, the government must increase the responsibilities of Jones the smoker. If Jone's freedom of religion is constitutionally protect, public officials have toward him a duty of toleration. If Smith has a right to be free from racial discrimination in employment, employers have a duty to ignore the color of Smith's skin. If Jones has a right in a criminal trial to exclude evidence gathered illegally against him, the police have a duty to get a valid warrant before they search his house. If Smith has a right to sue a newspaper for libel, the newspaper has a duty to check its facts.[142]

A autonomia individual,[143] no Estado democrático de direito, requer a liberdade de gostos e de ocupações, de dispor da vida da forma necessária para seguir seu caráter, sem ser impedido enquanto não prejudicar terceiros. Sujeitos às consequências que possam resultar.[144]

A responsabilização dos atos praticados, sobre o fundamento da liberdade individual, é a base do Estado democrático de direito, o que se expressa na mesma ideia da existência de direitos e deveres fundamentais, deveres que normalmente eram esquecidos, nos ideários liberais no Período Oitocentista, e para corroborar essa afirmação José Nabais indica a relação intrínseca entre a "liberdade individual expressa nos direitos e a responsabilidade comunitária traduzida nos deveres".[145]

---

[142] HOLMES; Stephen; SUNSTEIN, Cass R. **The cost of rights**: why liberty depends on taxes? New York: WW. Norton & Company, 1999, p.140 e 141.

[143] Cf. RODRIGUES JUNIOR, Otavio Luiz. Autonomia da vontade, autonomia privada e autodeterminação: notas sobre a evolução de um conceito na modernidade e na pós-modernidade. In: **Revista de Informação Legislativa**, Brasília, v. 163, p. 113-130, 2004.

[144] MILL, 1991. Op. cit., p. 38.

[145] NABAIS, 1998. Op. cit., p. 170.

Com base nessa responsabilização e no dever de arcar com as consequências de seus atos, que geram externalidades negativas e que não são sanadas ou internalizadas no mercado, [146] é que a tributação se destina a ressarcir o custo que deveria ser absorvido pelo preço, como as externalidades negativas que podem vir da fabricação, como danos ambientais provocados por despejos de material poluente, ou do consumo de bebidas alcoólicas ou do consumo de cigarros, que geram custos sociais para o sistema de saúde e previdenciário, além de danos causados para com terceiros. Ressalta-se que o tributo nesse caso não deve ter a pretensão de modificar a escolha tomada, o montante tributado deve apenas ser equivalente ao custo indenizatório, devendo ser calculado na exatidão do dano. É verdade que o cálculo é complexo e em muitas vezes o resultado é aproximado, mas normalmente o governante não o faz, pois teria que publicizar os custos públicos e a destinação da receita provavelmente tenderia a ser vinculada, o que não é satisfatório para o ente poderoso, que normalmente utiliza essa tributação apenas para aumentar de forma desarrazoada a arrecadação.

Referida responsabilização é observável na figura do poluidor-pagador, que possui como um dos fundamentos a Declaração do Rio sobre o Meio Ambiente e Desenvolvimento, de 1992, que estabelece, em seu princípio 16, "segundo a qual o poluidor deve, em princípio, arcar com o custo da poluição, com a devida atenção ao interesse público e sem provocar distorções no comércio e nos investimentos internacionais."[147] Correlação que deve existir entre o dano existente e o tributo estabelecido, pois caso o tributo seja desproporcional, pode ser configurado como possuindo caráter punitivo que é vedado pelo art. 38, do Código Tributário, "porém, não alcançando o nível de agressão ambiental que saia do âmbito do suportável. A reparação dos danos ambientais já estará fora dos limites da tributação ambiental e passará para as esferas do Direito Civil e do Direito Penal, se for o caso".[148]

---

[146] SIQUEIRA, 2012. Op. cit., p. 240.
[147] TOMKOWSKI, Fábio Goulart. **Direito tributário e heurísticas**. São Paulo: Almedina, 2017, p. 96.
[148] CAVALCANTE, Denise Lucena. Os reflexos da tributação ambiental na política nacional de resíduos sólidos no Brasil. **Revista direito à**

Dessa maneira, em resumo, a majoração do tributo no Estado democrático de direito possui a capacidade fiscal comum, a qual deve utilizar a ordem de preferência de cobrança sobre renda pessoal, renda das empresas e por último, sobre o consumo. E duas possibilidades de função extrafiscal, que a primeira é a de possibilitar o alcance das escolhas individuais de uma vida boa ao fomentar essas escolhas e a segunda é realizar uma tributação em prol de buscar corrigir a externalidade negativa com viés de nível de responsabilização, internalizando o custo no preço do bem causador.

Uma grande advertência realizada nesse momento é referente aos custos sociais gerados pelas externalidades negativas, os quais não devem incluir despesa causada pela perda da oportunidade. Utiliza-se como exemplo radical, um grande inventor, que decide passar dois anos longe da fábrica, tirou um ano sabático, para passar viajando ou surfando. Em uma análise econômica fria, o inventor deixou de desenvolver novos produtos, que iriam trazer para a sociedade melhorias e uma movimentação econômica mais desejada. Mas com a sua decisão, além de não haver todo esse dinamismo, houve uma perda de capital, pois ele teve que arcar com seus custos. Dessa mesma forma, indicam pesquisas realizadas nos EUA, Canadá, África do Sul, Índia, Escócia e Reino Unido,[149] que a extinção do consumo de derivados do tabaco, gerará economia e investimento em outros produtos que aumentariam os postos de trabalho.

Os utilitaristas como Richard Posner,[150] indicaria que o Estado poderia influenciá-lo para tomar a decisão mais benéfica, pois considera a perda da oportunidade como uma falha de mercado, pois o inventor não decidiu pela melhor opção possível. Há diversas críticas realizadas aos utilitaristas,

sustentabilidade. Vol. 1. n81. Cascavél: Unioeste. 2014, p. 72.
[149] NASCIMENTO, Rodrigo Zingales Oller do. **As políticas públicas antitabagistas e os efeitos à competição no mercado brasileiro de cigarro**: uma análise crítica para debate. Dissertação (mestrado profissional em Finanças Econômicas). São Paulo: Fundação Carlos Chagas, 2012, p. 23 e 24.
[150] POSNER, Richard A. **Direito, pragmatismo e democracia**. tradução Teresa Dias Carneiro; Rio de Janeiro: Forense, 2010, p.60.

conforme Dworkin[151] faz em sua obra, mas a afirmação que explica que o interesse econômico não deve ser utilizado como base, para indicar a existência de uma externalidade negativa, é a realizada por Hayek, indicando que a tomada de decisão não é a busca da "melhor", não é o melhor resultado econômico possível, mas é o melhor meio de atingir os desejos e interesses pessoais:

> Os objetivos últimos da atividade dos seres racionais nunca são econômicos. Rigorosamente falando, não existe "interesse econômico", mas apenas fatores econômicos que condicionam nossos esforços pela obtenção de outros fins. Aquilo que na linguagem comum se costuma definir por equívoco como "interesse econômico" significa apenas o desejo de oportunidades, o desejo do poder de alcançar objetivos não especificados. Se lutamos pelo dinheiro, é porque ele nos permite escolher da forma mais ampla como melhor desfrutar os resultados de nossos esforços. Visto que, na sociedade moderna, as restrições ainda impostas por nossa relativa pobreza se refletem na limitação da nossa renda pecuniária, muitos passaram a odiar o dinheiro como símbolo dessas restrições. Mas isso significa confundir com a sua causa o meio pelo qual uma força se faz sentir. Seria muito mais certo dizer que o dinheiro é um dos maiores instrumentos de liberdade já inventados pelo homem. É o dinheiro que, na sociedade atual, oferece ao homem pobre uma gama de escolhas extraordinariamente vasta, bem maior do que aquela que há poucas gerações se oferecia aos ricos.[152]

Dessa forma, o melhor interesse econômico e sua não adoção pelas pessoas não deve ser entendida por uma falha no mercado, pois a "melhor" escolha deve levar em conta os interesses pessoais (sentimentos, desejos, sonhos etc.) e consequentemente, não deve ser utilizado como espécie de externalidade negativa. Ressaltando que a adoção desses elementos para a tomada de decisão, não é uma indicação

---

[151] DWORKIN, Ronald. **Levando os direitos a sério.** São Paulo: Martins Fontes, 2002.
[152] HAYEK, 2010. Op. cit., p.102.

absoluta e correlacionada à irracionalidade, mas que racionalmente podem ser utilizados como variáveis.[153]

Pois, do contrário, a ideia de confinar todos os homens, estaria certa com base na lógica robótica, vislumbrada no filme Eu Robô, influenciado por Issac Asimov, no qual, para os robôs, que possuem como a primeira regra (lei nº1 – Um robô não pode ferir um ser humano ou por falta de ação permitir que se fira), o raciocínio robótico realizado por VIKI (robô, que controla toda a produção e tem acesso e comanda de todos os robôs) concluiu que é necessário realizar o confinamento de todo indivíduo, pois o principal causador de perigo ao homem é o próprio homem e portanto não podem garantir a auto sobrevivência aos humanos, devendo o homem ter que abdicar de algumas liberdades para garantir o futuro. Raciocínio que pode ser uma lógica inegável, mas cruel. [154]

Portanto, identifica-se que a função extrafiscal do tributo somente é possível na característica de redistribuição de renda (o que possibilita a promoção e auxílio das possibilidades de concretizar o conceito de vida boa escolhida) e indenização (responsabilização das externalidades negativas), não sendo possível utilizá-la para remodelar uma concepção de vida, ou seja, no Estado democrático de direito, o elemento indutor do tributo não é permitido.

2.2 DAS DEMAIS LIMITAÇÃO AO LEGISLADOR

Já definidas as principais delimitações às quais o tributo está restrito no Estado democrático de direito, nesse momento, devem ser apresentadas algumas limitações mais específicas, principalmente quando aplicado em sua função extrafiscal, pois o tributo não pode "ser transformado em instrumento normal de intervenção econômico-social: ele será sempre um instrumento

---

[153] SEN, Amartya. **Sobre ética e economia**. trad. Laura Teixeira Motta. São Paulo: Companhia das Letras, 2000, p. 17-19.
[154] **Eu Robô**, Direção de Alex Proyas. Produção de Laurence Mark e John Davis. 20th Century Fox, 2004. DVD.

por via de regra financeiro, um instrumento que assim se presume orientado por um objetivo principalmente fiscal."[155]

E quando da aplicação da extrafiscalidade não se pode "servir de invocação mágica que arrede o conjunto de restrições que – em nome da organização estatal, moralidade política e direitos individuais – constitui o regime tributário."[156] Palavras que são reforçadas por Marcus de Freitas Gouvêa, o qual afirma não bastar a mera alegação de extrafiscalidade de um tributo. "É necessário que a extrafiscalidade coincida com o valor (objetivo) constitucional e que este seja suficiente para legitimar a norma extrafiscal.[157]

Para tanto, é necessário que o tributo quando da sua aplicação observe alguns princípios específicos e procedimentos originários da legislação e doutrina, que o presente trabalho propõe a adoção pelos sistemas jurídicos, para que não haja o desvirtuamento do objeto, os quais serão analisados a seguir. E estabelecer a proporcionalidade, como teste, requisito para aplicação de determinadas medidas, desempenhando uma "importante função de controle normativo no caso de restrições de direitos fundamentais, por meio da aplicação dos critérios da necessidade, da adequação e da proporcionalidade em sentido estrito."[158]

2.2.1 Dos princípios da extrafiscalidade no consumo

O respeito dos tributos aos princípios é fundamental, para que a tributação atinja a sua finalidade proposta, a observação à tais elementos principiológicos, tem por finalidade a solução de possíveis problemas, [159] que podem vir a ocorrer na tributação

[155] NABAIS, 1998. Op. cit., p. 247.
[156] ATALIBA, Geraldo. **Apontamentos de ciência das finanças, direito financeiro e direito tributário.** São Paulo: Revista dos Tribunais, 1969, p. 149.
[157] GOUVÊA, Marcus de Freitas. **A extrafiscalidade no direito tributário.** Belo Horizonte: Del Rey, 2006, p. 279 e 280.
[158] CALIENDO, 2016. Op. cit., p. 210.

sobre o consumo, sendo eles: problemas de justiça social, pois a tributação sobre o consumo, tende a incidir sobre bens essenciais de maior rigidez, que incidem sobre os mais pobres; problemas de filosofia política, indicando a necessidade de incidência de tributos sobre produtos elásticos, para não influenciar o consumo e problemas de ordem econômica e orçamental, sendo os produtos de maior rigidez são os que possuem menor capacidade de crescimento quando há a evolução do rendimento.

Dentre todos os princípios que são aplicados aos tributos, que são elencados nas legislações e pela doutrina, três se sobressaem, quando da aplicação da função extrafiscal sobre o consumo, em um sistema regrado pelo estado democrático de direito. Sendo, os aqui escolhidos para discorrer, o princípio da não confiscatoriedade, o princípio da progressividade e o princípio da equivalência, os quais serão apresentados nos subtópicos a seguir, pois evitam o argumento falacioso do legislador.

2.2.1.1 O não confisco

O princípio da não confiscatoriedade, está relacionado ao nível, quantificado, em que a tributação é exercida, sendo estabelecido que a tributação não pode ser tão elevada ao ponto de destruir o objeto tributado e sua existência, mesmo quando o tributo possui a função predominantemente extrafiscal, quando a tributação é maior do que o normal, conforme indica o Tribunal Chileno:

> Respecto del tabaco, el Tribunal Constitucional ha considerado que una carga tributaria que recae sobre el consumidor ascendente al 311% del precio de venta a público, o del 75,65% del precio de venta del productor no es inconstitucional, si bien ha reconocido que el impuesto a esta

---

[159] VASQUES, 2016. Op. cit., p. 56.

actividad implica una discriminación, la cual con todo no sería arbitraria.[160]

Dessa forma, não é possível dilapidar o direito. A proibição do não confisco, se revela pela impossibilidade do tributo ser tão elevado, que aniquile com a possibilidade de desenvolvimento da atividade e desenvolvimento do produto e para isso o cálculo de viabilidade deve ser requisito de existência ou legitimidade do tributo, conforme indicado pelo Tribunal Constitucional Alemão, [161] acerca da tributação sobre as máquinas de jogo (*Spielautomatensteuer*), indica que deve ser realizada a análise contábil em busca de manter a rentabilidade negocial.

No Brasil há julgados em que se analisa o nível da tributação extrafiscal, que também possuem como norte, a necessidade de permitir a sobrevivência da atividade tributada. O Recurso Extraordinário 18.331/SP, de relatoria do Ministro Orozimbo Nonato, julgado em 1951, do Supremo Tribunal Federal, [162] que analisava a elevação da taxa incidente sobre licença para uso das cabines de banho de Santos (Lei n. 995), foi definido que não era um imposto proibitivo, mas o que se ressalta é a afirmação por parte da mais alta corte brasileira, fez pela primeira vez a afirmação de que o tributo, não poderia ser aplicado ao ponto de inviabilizar a atividade, estabelecendo que a análise econômica é necessária, dando atenção aos elementos fáticos e as consequências concretas quando da incidência tributária, sendo compreendida a existência de interferência, assim como ocorre em todo o tributo, mas estabelece que a tributação aplicada nunca pode ter a intenção de inviabilizar a atividade.

No consumo, propriamente dito, aplica-se o mesmo entendimento, o tributo não pode ser tamanho a gerar a impossibilidade de consumo, pois o tributo não deve ser confundido com sanção punitiva, conforme art. 3°, do Código

[160] NEUMANN, 1998. Op. cit., p.247.
[161] VASQUES, 2016. Op. cit., p.108.
[162] CORREIA NETO, 2012. Op. cit., p.100.

Tributário Nacional brasileiro, ao ponto de tornar-se, com a elevação do preço o consumo proibido, pois o efeito da elevada tributação é o de impedir a sua utilização, conforme ensinamentos de John Stuart Mill que afirma ser uma proibição, qualquer aumento de custo, sendo inclusive, utilizado o tributo como uma penalidade por exercer um gosto específico, quando por exemplo "[...] tributar as bebidas espirituosas com o único fim de tornar a sua aquisição mais difícil é uma medida que só no grau dos seus efeitos difere da sua completa proibição."[163]

Portanto, mesmo quando da tributação extrafiscal em que a tributação tende a ser mais pesada, ela não pode ser tamanha ao ponto de se tornar proibitiva, pois a natureza imposta ao tributo não possui essa característica, portanto, qualquer tributo que venha apenas com a finalidade de reduzir o direito, que no consumo é a sua mudança quantitativa ou qualitativa, viola o princípio da não confiscatoriedade.

2.2.1.2 Progressividade

O princípio da progressividade quando aplicado pela extrafiscalidade no consumo, verifica-se sempre que em relação ao mesmo contribuinte, e ao mesmo fato tributável, possua várias alíquotas de forma graduadas e "[...] crescentes na medida em que aumenta o fato tributável, ou base de cálculo do imposto,"[164] vinculado ao objetivo extrafiscal, por exemplo, quando se tributa as bebidas alcoólicas as alíquotas deveriam estar vinculadas ao teor de álcool e não realizar uma elevada tributação igual de todos os produtos, independentemente se o produto é composto por 1,5% ou 40% de álcool, problema apresentado por Sergio Vasques, no sistema da União Europeia:

---

[163] MILL, 2006. Op. cit., p. 225.
[164] MACHADO, Hugo de Brito. **Os princípios jurídicos da tributação na constituição de 1988**. São Paulo: Dialética. 2004, p. 136.

Por muito tempo constituiu propósito da Comissão Europeia unificar a tributação do álcool e das bebidas alcoólicas num sistema assente simplesmente no respectivo teor alcoólico. Sabemos que isso não veio a suceder pelas divergências de ordem política e de técnica legal entre os estados-membros, surgindo a tributação destes produtos desagregada por categorias várias na correspondente Directiva-Estrutura, a Directiva n- 92/83.[165]

Sendo a problemática política existente, também no Brasil, quando iguala os países membros da UE e os Estados membros do Brasil, nos quais existe uma produção de bebidas locais, normalmente típicas, e querem favorecimento na tributação, como a cachaça produzida no Ceará,[166] que possui uma alíquota menor que a cachaça mineira, inclusive menor que as cervejas que não são produzidas no Ceará, apesar de possuir um teor alcóolico muito menor, enquanto a cachaça é de 40% a cerveja é de 5%. Portanto, os níveis de tributação deveriam ser acompanhados ao nível em que gerem as externalidades negativas, se o álcool é o problema, bebidas com 2x% de álcool em sua composição, deveria ter uma tributação maior do que a bebida que possua 1x% de álcool, todavia como indicado, por motivos políticos esse princípio é constantemente desrespeitado. O que pode ser um demonstrativo da utilização do argumento emocional para disfarçar a intenção de obter uma maior arrecadação.

2.2.1.3 Equivalência

Utilizando-se do conceito inicial do princípio da equivalência (Aquivalenzprinzip),[167] que vincula o montante que o fisco deve arrecadar com o tributo e o montante de gastos da correspondente prestação estadual, ou seja, o contribuinte

---

[165] VASQUES, 2016. Op. cit., p.228.
[166] Informação obtida pela legislação vigente Decreto Nº 32691 DE 06/06/2018, assim como no Decreto Nº 31.894 DE 29/02/2016, demonstrando não ser um fenômeno pontual.
[167] NABAIS, 1998. Op, Cit. p. 346.

pagaria apenas pelo serviço prestado pelo Estado, cobrança que é limitada pelo custo real e foi realizada de forma específica.[168] Sendo que o essencial do princípio da equivalência ser a não comutatividade, ou seja, toda a sociedade não deve dividir o custo operacional do Estado, especificadamente em determinados serviços, assim como nas taxas, que são tributos incidentes sobre serviços divisíveis e capazes de personificar o destinatário, assemelhando-se à fixação de preços por serviços realizados entre particulares, estabelecendo uma limitação do "preço" ao custo estatal.[169] Ideia que é repetida por outros doutrinados, por vezes com outras nomenclaturas, o que demonstra que a ideia central deve ser observada:

> [...] no chamado princípio da reprodutividade. Formulado por Lorenz von STEIN, como a mais importante decorrência da ideia de estado fiscal (ao lado da intangibilidade fiscal do capital e da limitação dos impostos aos imprescindíveis à satisfação das necessidades públicas), este princípio implicava que cada imposto produzisse tanto quanto o seu montante, de modo a assim devolver ao indivíduo (ou à economia privada) quanto foi arrecadado.[170]

O princípio da equivalência foi inicialmente utilizado para limitar a tributação como um todo, que apesar de não ter atingido o êxito, de certa forma influenciou a figura da responsabilidade fiscal de equilíbrio do caixa público. Mas em uma releitura realizada por Sergio Vasques desse princípio, o qual o adapta para a função extrafiscal dos tributos sobre o consumo, o autor faz uma correlação entre a externalidade negativa gerada pelo consumo e o montante do tributo que pode ser estabelecido, como se observa a seguir:

> Em obediência ao princípio da equivalência, um tributo deve corresponder ao benefício que o contribuinte retira da atividade pública; ou ao custo que o contribuinte imputa à coletividade

[168] SCHOUERI, 2005. Op. cit., p.144.
[169] VASQUES, 2016. Op. cit., p. 90 e 92.
[170] NABAIS, 1998. Op, Cit. p. 219 e 220.

pela sua própria atividade. Assim, um tributo sobre os automóveis assente no princípio da equivalência será igual apenas se aqueles que provoquem o mesmo desgaste viário e o mesmo custo ambiental paguem o mesmo tributo; e aqueles que provoquem desgaste e custo ambiental diverso, paguem tributo diverso também. O cálculo do custo ou do benefício, e o ajustamento a esses valores constitui o problema técnico fundamental dos tributos assentes no princípio da equivalência.[171]

Portanto, a externalidade teria que ser contabilizada e a partir desse valor encontrado, o tributo sobre o consumo poderia ser estabelecido com base na responsabilização anteriormente abordada. Ressalta-se que o princípio da equivalência gerou tanta repercussão e adeptos que se transformou em legislação em Portugal:

> Em Portugal, surge também nalguns textos oficiais a afirmação do emprego das *accises* na alteração dos padrões de comportamento dos contribuintes. E logo assim com o Código dos Impostos Especiais de Consumo, reformado em 2010, cujo artigo 2S dispõe agora que estes impostos obedecem ao princípio da equivalência, "procurando onerar os contribuintes na medida dos custos que estes provocam nos domínios do ambiente e da saúde pública, em concretização de uma regra geral de igualdade tributária".[172]

A adoção de tal princípio à legislação portuguesa, demonstra que sua aplicação é necessária para a manutenção dos sistemas tributário-fiscais atuais, demonstrando o real custo pelas escolhas realizadas, como pesquisa sobre o consumo de cigarros e similares realizado na Inglaterra que identificou "os gastos com saúde e perdas de arrecadação e contribuições previdenciárias, os custos líquidos à sociedade, decorrentes desses fatores positivos e negativos, girariam em torno de - $ 0,30 por maço,"[173] dessa forma o tributo estabelecido sobre o cigarro deveria se limitar ao valor encontrado.

---

[171] VASQUES, 2016. Op. cit., p. 94.
[172] Ibidem., p. 75.
[173] VISCUSI, W. K. Cigarette Taxation and the Social Consequences of Smoking. In: **national bureau of economic research**, 1994. Disponível em:

Pois caso não fossem demonstrados os danos gerados, o montante arrecadado poderia ser insuficiente para reparação dos custos. Comprovação que é necessária para fundamentar o argumento da existência de produtos indicados como sendo maléficos. Pois, existe a dúvida dessa argumentação quando as bebidas alcoólicas, os produtos petrolíferos e energéticos e os derivados do tabaco, pois quando exportados são totalmente isentos, "tal como resulta dos artigos 7º e 9º do Código dos IEC. Em correspondência, os produtos destinados à expedição ou exportação estão isentos por meio do artigo 6º," [174] legislação com existência semelhante na maioria dos países do mundo,[175] o que gera o entendimento que a tributação não será estabelecida, pois os custos não terão que ser arcados pelo Estado.

A única resposta para tal contradição é que a tributação se refere apenas às externalidades negativas que a sociedade deve enfrentar, portanto, com a ideia de tributação como meio de responsabilização, como anteriormente abordado, é que o sistema tributário se torna coeso. Sendo também, compreendido com esse princípio, que a responsabilização das externalidades negativas não se configura como tributo de caráter coercitivo, pois, há uma vinculação da externalidade negativa ao quanto o tributo por meio de sua função extrafiscal pode angariar, gerando uma harmonia de todo o sistema.

---

http://www.nber.org/papers/w4891. Acesso em: 06.jun.2018. p. 75.

[174] VASQUES, 2016. Op. cit., p. 99.

[175] A única exceção encontrada foi a estabelecida por acordo internacional entre países fronteiriços, onde o produto era exportado e era completamente isento, mas retornava por contrabando para ser comercializado. Conforme regramento que foi "editado, em 14 de dezembro de 1998, o Decreto Presidencial nº 287670, que introduziu uma alíquota de 150% para exportações de cigarros a países da América do Sul, América Central e Caribe. Essa medida visou à redução do efeito do chamado "exportabando" – i.e., fabricantes brasileiros exportavam seus cigarros para países do Mercosul, sem a incidência do imposto de exportação e do IPI, os quais retornavam ao país, ilegalmente, por meio de contrabando, especialmente oriundo do Paraguai e Uruguai." VISCUSI, 1994. Op. cit.,, p. 67.

2.2.2 A aplicação da proporcionalidade

Quando da tomada de qualquer ação para resolução de algum problema, é salutar realizar uma análise de eficiência, para que a intervenção seja mais eficiente e gere a menor externalidade negativa possível,[176] com isso em mente é que a imposição de normas jurídicas que busquem extinguir um hábito, que pode desencadear problemas econômicos, sociais ou moral, gerando um problema mais gravoso do que o problema incialmente estabelecido.[177] Com essa pretensão, o "[...] princípio da proporcionalidade quer significar que o Estado não deve agir com demasia, tampouco de modo insuficiente na consecução dos seus objetivos. Exageros para mais ou para menos configuram irretorquíveis violações ao princípio."[178]

A análise de consequências, principalmente por partes dos entes públicos, deve ser acompanhada de uma "análise econômica do direito, enfim, viria a tornar claro que toda a intervenção pública, mesmo a que se traduz na provisão de bens coletivos, pode e deve ser objeto de uma análise de custos e benefícios."[179] Sendo que essa análise econômica deve se atentar para que as medidas intervencionistas, que se utiliza da extrafiscalidade, tenham como limitador o princípio da proibição do excesso, visto que o bem afetado é o livre arbítrio, e não direitos de contabilidade fiscal.[180]

Pois, redução ou extinção da possibilidade de escolha é indesejada pelas pessoas e lhes traz insatisfação, seja por punição, proibição ou mesmo por influência, experimentam uma perda de bem-estar. As pessoas querem escolher por si mesmas e acreditam ter o direito de escolher, por ser valor intrínseco e

---

[176] PISCITELLI, T. S.. **Argumentando pelas consequências no direito tributário**. 1. ed. São Paulo: Noeses, 2011, p. 95-120.
[177] BECKER, 1998. Op. cit., p. 627.
[178] FREITAS, Juarez. **O Controle dos atos administrativos e os princípios fundamentais**. 2. ed. São Paulo: Malheiros, 1999, p. 56.
[179] VASQUES, 2016. Op. cit., p.92.
[180] NABAIS, José Casalta. Solidariedade Social, Cidadania e Direito Fiscal. In: **Solidariedade social e tributação**. GRECCO, Marco Aurélio; GODOI, Marciano Seabra de (CDords.). São Paulo: Dialética, 2005, p. 132.

não meramente instrumental, no sentido de que sofrem quando esse direito é reduzido. Quando o governo diz às pessoas que elas têm que economizar dinheiro, ou não podem usar o telefone enquanto dirigem ou têm que apertar seus cintos de segurança, o Estado pode estar tornando-os menos felizes e possivelmente frustrados e com raiva. A perda de bem-estar que vem com a eliminação de escolhas pode ser grande, e tem que ser levada em conta.[181] Existe um ganho de felicidade, que existe apenas por viver em uma sociedade que possui liberdade de escolha no modo de viver. "É o aumento da livre escolha desde 1981 que tem sido responsável pelo aumento de felicidade registrado desde então em 45 de 52 países."[182] Ressaltando pesquisas, as quais indicam, que a falta de controle de seu ambiente induz desespero e outras questões indesejadas, nessa pesquisa utilizou-se de idosos em um asilo, sendo que os idosos apresentavam taxas de bem-estar maior quando tinham autonomia para decidir sua rotina.[183] Dessa forma, o cálculo de viabilidade da intervenção parte já com esse decréscimo que tem que ser contabilizado.

Portanto, vários fatores devem ser apurados, quando da análise de viabilidade, incluindo o desejo de fomento da população, pois esse é um elemento de contrapeso na balança da equidade:

> Da mesma forma que a sociedade pode desejar encorajar a utilização de certos recursos e prover subsídios para realiza-la, pode também desencorajar outros usos e impor penalidades para coibi-los. [...] O economista só pode observar que ambos interferem na soberania do consumidor, porém não lhe compete dizer que tais interferências são sempre ineficientes se consideradas na estrutura mais ampla dos valores sociais. [...] Devemos apenas observar que a utilização regulatória da tributação acarreta um custo social, sob a forma de diminuição da equidade na estrutura tributária; e devemos levar em conta este custo quando escolhermos entre impostos e outros tipos de controle.[184]

---

[181] SUNSTEIN, 2014. Op. cit., p. 50.
[182] RIDLEY, 2014. Op. cit., p. 29.
[183] ALEMANNO, 2015. Op. cit., p. 313.

Enfim, apesar de todas as análises que devem ser realizadas, a que ganha maior relevância jurídica e peso argumentativo é a análise conhecida como proporcionalidade, a qual o ente estatal deve realizar, para a implantação de tributos com função extrafiscal, caracterizando-se como seu limite material, funcionando como duas restrições ao legislador, que são: a "exigência de aptidão extrafiscal específica e a imposição de limite de intensidade". Sendo as duas, postas como dimensões de aplicabilidade da proporcionalidade, devendo no sistema tributário analisar a adequação entre meio e fim e a proibição do excesso.[185]

Exigência de aplicação do princípio da proporcionalidade é necessária ao ponto da Carta Europeia das Liberdades Fundamentais (European Charter of Fundamental Freedoms - CFR) em seu artigo 52,[186] estabelecer que em um sistema legal liberal, as medidas que limitam a liberdade precisam ser justificadas, e em caso de dúvida, deve-se escolher a intervenção mais suave possível. Requerendo uma análise comparativa das diferentes medidas possíveis sob o princípio da proporcionalidade. Nesse sentido, Juarez Freitas propõe a aplicação do princípio da proporcionalidade como "teste ampliado de justificação das decisões do Poder Público e dos particulares, inserindo a fase da checagem de legitimidade intertemporal das medidas, sem prejuízo dos tradicionais critérios de adequação, necessidade e proporcionalidade em sentido estrito."[187]

Dessa maneira, a proporcionalidade funciona como elemento legitimador da ação governamental em instituir uma

---

[184] MUSGRAVE, Richard A. **Teoria das Finanças Públicas**: Um Estudo de Economia Governamental. Trad: Auriphebo Berrance Simões. Vol 1. São Paulo: Atlas, 1973, p. 228.

[185] CORREIA NETO, 2012. Op. cit., p.98.

[186] ALEMANNO, 2015. Op. cit., p. 86.

[187] FREITAS, Juarez; MOREIRA, R. M. C. . Sustentabilidade e proporcionalidade: proposta de inserção do critério de legitimidade intertemporal. In: **Interesse Público**. Belo Horizonte: v. 108, p. 15-39, 2018, p. 15.

tributação com característica dominantemente extrafiscal, devendo atender os seguintes elementos, para se configurar como uma tomada de decisão proporcional: (1) legitimidade dos fins, a finalidade que se busca é constitucionalmente relevante; (2) legitimidade dos fins, que indica a demonstração de relevância constitucional do fim buscado; (3) efetividade do meio, a qual demonstra que o fim foi devidamente alcançado e que há uma correlação de causalidade entre o meio empregado e o fim alcançado; (4) imprescindibilidade do meio, que deve haver a demonstração de que não há outro meio, que não seja o tributo extrafiscal, que seja mais efetivo e de mesma eficácia e que atinja o mesmo fim e o último requisito é (5) razoabilidade ou proporcionalidade em sentido estrito, que é a análise se o sacrifício realizado deve ser razoavelmente equivalente para com a finalidade estabelecida.[188] Os quais realizam o juízo de adequação e de necessidade.

Portanto, deve haver relação entre meio e fins, para isso deve ser fundamentada por meio de análises, estudos e constatações empíricas, sendo alvo de diversos testes de comprovação, que buscam demonstrar ser, o tributo com função extrafiscal, o meio menos gravoso e o fim mais satisfatório. Mas quando essa correlação for insatisfatória ou não existir, o tributo não deverá ser aplicado, pois referida comprovação funcionaria como requisito de legitimidade.[189] Tanto que a jurisprudência predominante na União Europeia, para determinar se uma disposição do Direito comunitário é proporcional, há que verificar se os meios empregados são adequados para atingir o objetivo e se não está além do necessário para alcançá-lo.[190]

Como se observou, a proporcionalidade é um elemento de proteção do indivíduo em face da arbitrariedade de governanças, equiparando-a a uma "armadura" [191] de proteção dos direitos fundamentais, em razão dessa proteção é que mesmo que uma medida seja inicialmente declarada proporcional, essa é uma

---

[188] SILVA, 2007. Op. cit., p. 110.
[189] GRECO, Marco Aurélio. **Contribuições**: uma figura "sui generis". São Paulo: Dialética, 2000, p. 142 e 143.
[190] ALEMANNO, 2015. Op. cit., p. 105.
[191] NABAIS, 1998. Op. cit., p. 146 e 147.

qualificação eterna e imutável, portanto, constantemente deve haver uma reanálise dos elementos da proporcionalidade, devendo o legislador, regularmente, refazendo a análise de proporcionalidade e adequação dos tributos extrafiscais, devendo "apurar se existem novas circunstâncias que justifiquem a sua eliminação ou a alteração dos seus contornos, seja estreitando ou alargando a sua incidência, seja aligeirando ou agravando a sua carga."[192]

Toda essa análise de proporcionalidade e testes de viabilidade são necessários, pois com falsos argumentos, argumentos desprovidos de lógica jurídica e desvinculados dos ditames do Estado democrático de direito é que muitos tributos são implementados, assim como se observa na afirmação a seguir:

> [...] consumos como os das bebidas alcoólicas, do tabaco ou dos combustíveis são frequentemente representados, pelo Poder e pelos próprios consumidores, como censuráveis, porque simplesmente imorais ou porque fonte de custos para a sociedade. A sua representação como bens "de demérito" ou como consumos "do pecado" legitima a respectiva sobretributação mesmo quando faltam para isso razões objetivas, remete os contribuintes que a sofrem a uma posição defensiva, silenciando-os pela culpa. [...] O consignarem-se as receitas dos impostos sobre os combustíveis à reparação das estradas, as receitas dos impostos sobre o tabaco à prevenção do cancro ou as receitas dos impostos sobre as bebidas alcoólicas à segurança rodoviária angaria aceitação à exploração fiscal destes consumos, transmite aos contribuintes a impressão de estar a praticar o bem tributando o mal.[193]

Isto posto, o tributo extrafiscal sobre o consumo, somente deverá ser indicado como proporcional se atendidos os seguintes elementos: a "legitimidade dos fins", legitimidade que é analisada, em relação ao consumo, pela neutralidade do modo de viver bem; deve-se saber se há "efetividade do meio", referindo-se à uma análise fática acerca da eficiência dos meios, utilizando

---

[192] VASQUES, 2016. Op. cit., p. 98.
[193] Ibidem., p. 64.

pesquisa empíricas, "sempre que se afete o produto de um imposto sobre bens ou serviços específicos a uma entidade ou finalidade determinada, importa ponderar a elasticidade-rendimento do respectivo consumo, por modo a não torná-la, a prazo, desprovida de significado",[194] o que informará acerca da "imprescindibilidade do meio" de modo que outro meio menos gravoso seja tão ou mais eficiente quanto o tributo extrafiscal e essa pesquisa deve ser constantemente reiterada para identificar se nenhum dos elementos foram alterados, o que retiraria o selo de proporcional do tributo.

---

[194] Ibidem., p.59.

3 CONSUMO E ANÁLISE COMPORTAMENTAL

Nesse momento, após o argumento jurídico ter sido construído, passa-se à análise fática comportamental, para identificar se para o fim, que é a alteração do consumo, há meios menos gravosos do que o tributos e mais eficientes, para a análise de proporcionalidade, portanto, se faz necessário um exame comportamental, se utilizando dos conhecimentos das ciências da psicologia, neuromarketing e economia comportamental, das quais se extrairá os meios possíveis à tributação, sendo essa multidisciplinariedade nenhum decréscimo à ciência jurídica, muito pelo contrário, pois é mais fácil saciar a sede quando existirem várias fontes para beber do que apenas uma, que logo poderá secar, além de que é necessário para análise do tributo, se tem eficácia ou se coadune com os entendimentos dos economistas, contribuintes e cidadãos, "afinal de contas, o Direito não deve ser amorfo e desconhecer os elementos e a realidade que o circunda."[195]

A multidisciplinariedade permite "inclusive, a correção de políticas tributárias desastradas, e a eventual responsabilização de quem as tiver levado a efeito."[196] Permitindo a aferição da efetividade e da consecução das finalidades, fazendo com que os integrantes do Poder Público sejam mais responsáveis.

A busca e identificação de outros fatores, que influenciem o consumo, além do preço ou que supera a influência do preço é o caminho, que o trabalho passará a percorrer, e o inicia com a reapresentação de uma crônica escrita por Machado de Assis, intitulada de "impostos sobre produtos farmacêuticos",[197] publicado em 22.12.1895, portanto há mais de 120 anos, na qual

---

[195] PIMENTA, Daniel de Magalhares. Limitações à extrafiscalidade aplicáveis ao fator acidentário de prevenção. In: **FAP, Revista brasileira de políticas públicas**, v.6, nº1, p.83-104, 2016. Disponível em :< https://heinonline.org/HOL/Page?handle=hein.journals/brazjpp6&div=10&st art_page=84&collection=journals&set_as_cursor=0&men_tab=srchresults >. Acesso em 22.set.2017, p.92.

[196] MACHADO SEGUNDO, 2018. Op. cit., p. 654.

[197] FRANCO, Gustavo H. B. **A economia em Machado de Assis.** o olhar oblíquo do acionista. Rio de Janeiro: Jorge Zahar, 2007, p.198-203

abordou o tema dos remédios importados que estavam sofrendo grande tributação, para que a indústria farmacêutica nacional se desenvolvesse, por meio da indução, desejava-se que o consumidor passasse a comprar produtos nacionais, ao invés dos internacionais, o problema é que os remédios nacionais eram de baixíssima qualidade e classificados por um farmacêutico confidente, que se tratava de simples falsificação dos remédios importados, sendo que depois dessa interferência, os remédios importados ficaram mais caros, pois os que custavam 200 réis e 600 réis, passaram a custar mil-réis, dois mil-réis e até vinte mil-réis, e continuaram a ser preferencialmente consumidos, mas agora grande parte da população pobre não tinha acesso, ou fazia sacrifícios para comprá-los.

Esse fenômeno é visível também na descrição de Sergio Vasques, quando fala dos altos impostos sobre produtos específicos como o tabaco em Portugal, o chocolate na Espanha, o vinho na Inglaterra, as pessoas "tinham consciência de estar a incorrer num pequeno luxo. E pelo pequeno luxo sempre se está disposto a pagar mais do que pelo essencial - a promoção social parece ser, em todos os tempos, um bem de procura rígida."[198]

Todas essas narrativas, trazem a indicação da existência de elementos que influenciam e interferem no consumo, apesar da alteração do preço, que por vezes foi elevado artificialmente por meio dos tributos. Portanto, passa-se à busca de identificar os elementos que influenciam o consumidor, iniciando pela análise da situação atual do mercado de consumo.

3.1 O ESTADO DO HIPERCONSUMIDOR E DO SUPERCAPITALISMO

Em uma análise histórico-comportamental do consumo, Gilles Lipovetsky[199] desenvolveu uma teoria, a qual distingue a

---

[198] VASQUES, 2016. Op. cit., p.27.
[199] LIPOVETSKY, Gilles. **A felicidade paradoxal**: ensaio sobre a sociedade do supercapitalismo. Trad. Maria Lúcia Machado. São Paulo: Companhia das Letras. 2008. p.05-84.

existência de três ciclos e cada um com suas características próprias, os quais são temporalmente divididos em ciclo I (anos 80 do séc. XIX até o final da 2ª guerra mundial), ciclo II (nas décadas de 50, 60 e 70) e ciclo III (a partir da década de 80 até hoje). As características desses ciclos não são excludentes entre si, mas em seu período ela é a que mais se sobressai.

O primeiro ciclo estabelecido[200], que data aproximadamente de 1880 até o fim da 2ª Guerra Mundial, se caracteriza pela formação dos grandes mercados e da produção em massa, mas ainda restrita para quem tivesse dinheiro, como a burguesia, a qual é representada pelas indústrias automobilísticas, tendo como exemplo a Ford, como descreve Robert B. Reich,[201] que no início do sec. XX constatou-se uma crescente na produtividade. Havendo uma substituição das pequenas oficinas por grandes fábricas, instituídas por influência das teorias de Frederick Winslow Taylor acerca da administração científica, que dividia as atividades da fábrica de atos altamente especializados e repetitivos, sendo um exemplo clássico a linha de montagem da Ford, o que permitia a fabricação em maior volume e menos tempo, com custos reduzidos, sendo em 1909, a produção da Ford foi de 10.607 carros, em 1913 foi 168 mil, no ano seguinte, 248 mil. A empresa Ford foi um exemplo de grande parte das indústrias que vivenciaram um aumento vertiginoso na produção, sendo esse crescimento a principal característica indicada no ciclo I.

Já no ciclo II[202], período delimitado pelas décadas de 50, 60 e 70, as quais se caracterizam pela massificação do consumo, houve a possibilidade de adquirir produtos por quase todas as classes sociais, não havendo mais restrições para que haja a compra de um bem, ou seja, todos podiam ter o mesmo produto. "O consumo é um investimento em tudo que serve para o "valor social" e a autoestima do indivíduo."[203] Sendo a "tarefa" dos consumidores é de sair da invisibilidade das massas, se

---

[200] Ib. Idem, p. 26.
[201] REICH, 2008. Op. cit., p. 17.
[202] LIPOVETSKY, 2008. Op. cit., p. 27.
[203] BAUMAN, Zygmunt. **Vida para consumo**: a transformação das pessoas em mercadoria. Rio de Janeiro: Zahar, 2008. p.76.

ressaltando com cores chamativas para se distinguir do mundo, que é predominado em coloração de escala cinza, que iguala a todos.[204] Sendo a busca para se destacar tamanha, que as pessoas sem poder aquisitivo, se viam forçadas a dispor de seus parcos recursos com esses objetos, do que com suas "necessidades básicas, para evitar a total humilhação social e evitar a perspectiva de serem provocadas e ridicularizadas."[205]

Os sociólogos em análise dos anos de 1960 e 1970, buscaram entender o fenômeno do consumo como forma de diferenciação social. Sendo o alto consumo motivado não pelas qualidades dos bens, mas pela exigência de prestígio e de reconhecimento, de status e de integração social, realizando a busca por status. Caracterizando o ciclo II, pela existência de bens funcionando como símbolos distintivos, o produto não necessariamente era obtido por sua funcionalidade, mas como um elemento identificador de superioridade, que tornava a necessidade de compra inesgotável. [206]

No entanto, o consumidor começou a buscar com mais afinco a satisfação pessoal, os produtos, que eram tidos como uns símbolos sociais se transformaram em busca de satisfação individual do consumidor e essa transição é a característica principal do ciclo III, nomeada como sociedade do hiperconsumidor, pois o "consumo "para si" suplantou o consumo "para o outro", em sintonia com o irresistível movimento de individualização das expectativas, dos gostos e dos comportamentos"[207]. Há uma busca pela mercadoria que lhe forneça prazer, satisfação pessoal, novas experiências e principalmente novos sentimentos, portanto:

> O hiperconsumidor não está mais apenas ávido de bem-estar material, ele aparece como um solicitante exponencial de conforto psíquico, de harmonia interior e de desabrochamento subjetivo, demonstrados pelo florescimento das técnicas derivadas do desenvolvimento pessoal bem como pelo sucesso

---

[204] Ib. Idem p.21
[205] Ibidem., p.74
[206] LIPOVETSKY, 2008. Op. cit., p. 38 e 39.
[207] Ibidem., p. 42.

das sabedorias orientais, das novas espiritualidades, dos guias da felicidade e da sabedoria.[208]

Sendo então, o consumo configurado como a busca pela satisfação pessoal e por novas experiências, sendo os altos valores pagos, que antes eram por bens que lhes forneceriam uma diferenciação social, passou-se a ser empregado na busca de novidades que se vivenciarão, o que torna o preço pago, algo parcialmente desvinculado do custo material da produção. Cláudia Lima Marques[209] o chama de *homo oeconomicus et culturalis*, indicando que o homem passa a se orientar pela dinâmica do consumo e sentimento de bem-estar.

Há, pois, uma modificação de um consumo quantitativo para um qualitativo, pois como já dito, as marcas caras passaram a ser utilizadas em função das vontades e momentos, tentando extrair o prazer e as sensações dos produtos e serviços, estabelecendo uma relação qualitativa, sendo a busca pelas novas experiências, sensações e divertimentos são suficientes para suportar os prejuízos decorridos pelo consumo. "Com bom senso, Aristóteles já o assinalava: o homem feliz tem necessidade de gozar, sem dificuldade, de diferentes bens exteriores."[210] Sendo um mundo configurado pela velocidade das novidades, estando a alegria no ato em si de comprar," com a perspectiva de ficar sobrecarregado com seus efeitos diretos e colaterais possivelmente incômodos e inconvenientes, apresenta uma alta probabilidade de frustração, dor e remorso."[211]

Portanto, a busca pelas experiências, pelos sentimentos e pelas sensações alcançadas com o consumo, supera a intenção de influência social, quanto ao preço pago e às consequências oriundas dessas experiências não possuem grande importância. Por exemplo, a reclamação de que as empresas de

---

[208] REICH, 2008. Op. cit., p.15.
[209] MARQUES, Cláudia Lima. A proteção do consumidor em um mundo globalizado: atudium generale sobre o consumidor como homo novus. In: **Revista de direito do consumidor**, v.85, 2013, p. 35.
[210] LIPOVETSKY, 2008. Op. cit., p. 108.
[211] BAUMAN, 2008. Op. cit., p.28.

entretenimento, que exibem cenas de sexo e violência de forma mais forte atualmente, do que tempos atrás:

> Essas empresas agem assim não para corromper a moral alheia, mas porque ganham muito dinheiro mascateando sexo e sangue. Os consumidores querem sexo e sangue, e os investidores de empresas que atendem a essa demanda não poderiam estar mais felizes. Se as centenas de milhões de pessoas, nos Estados Unidos e alhures, que acolhem de bom grado todo esse sexo e sangue começassem a rejeitar esse tipo de mercadoria, não haveria mercado para tanta baixaria. Se os consumidores não reagissem com tanto entusiasmo a anúncios com atores e atrizes mostrando as nádegas, esse tipo de propaganda não seria tão comum[212]

Portanto, quando argumentam contra produtos com elementos que provocam algum mal, como a maior propagação de cenas de sexo e violência, há diversos outros produtos que são indicados como os propagadores de alguns malefícios como alimentos gordurosos, açucarados, cigarros, bebidas alcoólicas etc. O consumidor mesmo sabendo de possíveis malefícios desses bens, ainda os consome, pois, a sensação no momento do consumo é de maior interesse.

A importância do momento e das sensações se tornou tamanha, que Zygmunt Bauman indicou inclusive a mudança da concepção temporal, intitulando como "tempo líquido", configurada pelo pontilhismo, pois o momento agora é o que importa e tem que ser desfrutado ao máximo, não importando o passado ou o futuro, pois "a ideia de Deus é recapitulada num eterno presente que encapsula simultaneamente o passado e o futuro.... A vida, seja individual ou social, não passa de uma sucessão de presentes, uma coleção de instantes experimentados com intensidades variadas".[213] Preferência pelo momento imediato, ele tem início e término no mesmo ponto temporal, que não necessita de ligação com o próximo, como se cada

---

212 REICH, 2008. Op. cit., p.122.
213 BAUMAN, 2008. Op. cit., p.45 e 46.

ponto fosse um micro universo, iniciando, indo ao ápice e extinguindo, sendo ele o que importa.

Sendo a união de todos esses fenômenos refletidos na redução do espaço e do tempo, decorrente da evolução tecnológica do transporte e do sistema de comunicação, enquadrados como o fenômeno da globalização, o que gera "interesse pelo consumo vai além da aquisição, se imiscuindo na lógica do poder e da felicidade, de fácil superação e fragmentação das escolhas, privilegiando o momentâneo em face do eterno, numa relação de simbiose entre o consumo e os elementos sensitivos."[214]

3.2 FATORES DE INFLUÊNCIA

Como posto no tópico anterior, o consumidor atual é dotado de grande capacidade de consumo, graças à produção massificada dos produtos, o que gera produtos de fácil acesso e baixo custo (Ciclo I). Possui interesse de consumir produtos socialmente reconhecidos, pois lhes garantirá um status social (Ciclo II). E por último, há uma busca no consumo de satisfação pessoal, motivações que buscam a satisfação interna (ciclo III). O que demonstra a existência de elementos, que no momento do consumo são levados em consideração, além do preço. "Diversos estudos demonstraram tendências durante a tomada de decisão que acabam por enviesar as escolhas dos indivíduos, pois estes são influenciados por razões culturais, ambientais, etc."[215]

Entendimento ratificado por Karsaklian, que ao estudar o comportamento do consumidor, "[...] verifica-se, ainda, que a renda, sozinha, não explica a causa dos diferentes comportamentos sociais, mas que a forma como o consumidor

---

[214] HOLANDA, Fábio Campelo Conrado de; VIANA, J. L. . Indução de comportamentos (neurolaw): obsolescência programada na sociedade pós-moderna e uma reflexão sobre as relações de consumo. In: **Revista Argumentum** (UNIMAR), v. 19, p. 111-127, Jan.-Abr. 2018.
[215] TOMKOWSKI, 2017. Op. cit., p. 38.

conduz sua vida (moda, viagens, inovações) tem impacto direto em suas decisões de compra."[216] Mas ainda fica a pergunta, quais são os elementos que influenciam na tomada de decisão para o consumo?

Em busca dessa resposta, Karsaklian[217] introduz sua pesquisa com a afirmação de que o consumidor é complexo, assim como o ser humano. E a faceta consumerista é apenas uma parte que o forma e cada um tem as suas motivações para a busca de determinadas ambições, para a conquistas de determinados espaços e para a realização pessoal.

No meio jurídico, há a ideia inicial de que a ameaça e a força eram as maneiras mais eficazes de uma pessoa praticar um ato desejado. As pessoas desejam evitar o carrasco e evitar formas menos desagradáveis, mas a motivação humana é mais complexa do que isso.[218] Um exemplo disso é a rápida mudança, do ponto de vista histórico, acerca da forma com que se trata a homossexualidade, pode-se indicar que a conscientização ocorreu pela aplicação doa julgados e das legislação que permitiram o casamento e condenavam a realização de discriminação, deve-se concordar que o sistema jurídico possuiu parcela de influência, mas deve também ser confirmada a participação em paralelo do aumento de um retrato favorável de gays e lésbicas nos meios de comunicação de massa, nos filmes e na televisão. Assim como um aumento no número de pessoas que são publicamente abertos e explícitos sobre sua orientação sexual e, portanto, um aumento do contato regular na escola, no trabalho e interações sociais com pessoas que eles conhecem, estabelecendo uma mudança e aceitação social. Portanto, a lei é um fator na mudança de atitude, dentre vários.[219]

E nessa busca complexa de identificar fatores de influência do consumidor, em estudo publicado por Edward M. Tauber,[220] há a distinção de que as motivações das pessoas se

---

[216] KARSAKLIAN, 2008. Op. cit., p. 144.

[217] Ibidem., p. 13.

[218] SCHAUER, 2015. Op. cit., p. 98.

[219] Ibidem., p. 71 e 72.

[220] TAUBER, Edward M. Why do people shop? In: **Jornal of Marketing**, v. 36, out. 1972. p. 46-56.

dividem em pessoais (Papel exercido, diversão, Autogratificação, Conhecimento sobre novas tendências e Atividade Física) e sociais (Experiências sociais fora de casa, Comunicação com outras pessoas de interesses similares, atração por grupos de amigos, Status e Autoridade e Prazer em barganhar), classificação que apresenta uma divisão inicial básica, mas útil ao dividir em fator pessoal e fator social, apesar de impossível realizar essa separação na realidade, para fins acadêmicos e para melhor explicação ela se torna útil.

Karsaklian[221] elenca teorias, que realizam abordagem diversas acerca do estudo da motivação para o consumo, ressaltando a teoria behaviorista, teoria cognitivista, teoria psicanalítica e teoria humanista, que colocam como motivação aspectos biológicos ou psicológicos, as quais graduam o consumo como um reflexo das necessidades biológicas até um consumidor totalmente racional que toma as decisões após análise apurada das possibilidades. As diversas teorias não são excludentes umas das outras, mas sim, uma completa a outra, pois na complexidade humana, exige teorias complexas.

Das quais elencam-se diversos fatores de influência no consumo dos mais diversos tipos, mas há, desde já de se indicar, que eles não são isolados, existe sim uma correlação entre eles, um influenciando o outro. Portanto passar-se-á apresentar os fatores sociais e pessoais, conforme classificação apresentada, que possui a base de Edward Tauber. Sendo posteriormente apresentados estudos extraídos da teoria da formação dos hábitos, de neuromarketing e economia comportamental, que apresentará os fenômenos do consumo de forma mais aprofundada.

3.2.1 Fatores sociais

O homem quando em sociedade sofre influência desta no consumo e para corroborar esse entendimento, pesquisa

---

[221] KARSAKLIAN. 2008. Op. cit., p.20-27.

realizada acerca de quem o influenciou para comprar indica, quando questionados "Qual foi a fonte de informação mais importante em sua decisão de comprar esse produto?" [222] A resposta é que, de forma consciente, 50% afirma ter sido influenciado por amigos, vizinhos e conhecidos, contra somente 08% por propaganda e 01% por vendedores.

Conforme se extrai, o grupo social, do qual a pessoa pertence, foi influente em metade das compras realizadas, o que revela uma grande influência da sociedade, essa pesquisa foi realizada ao final da década de 60, quando atualizada para os dias atuais deve ser acrescida dos grupos sociais da internet (o mundo virtual). Conforme pesquisa realizada estudo da Nielsen, de fevereiro de 2013, que em estudo com "29 mil entrevistados com acesso à internet de 58 países – aponta que essa influência aumentou em categorias como componentes eletrônicos (81%), eletrodomésticos (77%), livros (70%) e música (69%)"[223].

Deve-se ressaltar que o primeiro grupo social de influência é "a família aparece como uma célula social, um modo de organização da vida cotidiana e uma unidade de consumo"[224]. Outro exemplo comum de grupo social, o grupo das classes sociais que segundo Georges Gurvitch, as classes sociais são grandes grupos, que representam um macrocosmo "cuja unidade é fundamentada sobre sua superfuncionalidade, sua resistência à penetração pela sociedade global, sua incompatibilidade radical entre eles, sua estruturação arrojada implicando consciência coletiva predominante e obras culturais específicas."[225]

Apesar de haver diversos grupos sociais, há um ressalte,[226] que os grupos sociais são possuidores de duas funções, a

---

[222] Ibidem., p. 99 e 100.
[223] GONÇALO, Sousa. Estratégia Digital. **A influência da Internet nas decisões de compra.** 18.jun.2013. Disponível em <http://www.estrategiadigital.pt/a-influencia-da-internet-nas-decisoes-de-compra/> Acesso em: 24.nov.2017.
[224] KARSAKLIAN. 2008. Op. cit., p. 215.
[225] GURVITCH, G. **Études les classes sociales.** Paris: Gauthier-Villars, 1966. p. 942.
[226] KARSAKLIAN. 2008. Op. cit., p. 100-103.

primeira é a de identificação, ou seja, para a pessoa ser enquadrada a um determinado grupo, ela deve consumir determinados produtos e a segunda função do grupo é de normatização, pois as "pessoas-chaves"[227] de um grupo influenciam os demais e estabelece os símbolos de consumo do grupo.

Essas duas funções são características que geram a socialização e aculturação, fenômeno que é descrito como sendo as normas sociais de comportamento, ligadas a valores subjacentes, transmitidas entre as gerações. Cujo procedimento de aprendizagem das pessoas como serem consumidoras, desde criança, possui várias "fontes (família, escola) o que é permitido e aquilo que não é permitido, dentro de uma vasta gama de situações de interação social."[228] Como o consumo de produtos[229] como Iphones, Rarley-Davidsons ou aquele novo e provocante vestido Prada ou aquele Alfa Romeo, serão comprados por trazerem consigo o reconhecimento social de que é o necessário para atrair um parceiro e dar continuidade à linhagem genética ou assegurar o sustento pelo resto da vida.

Portanto, os grupos sociais geram, por meio da socialização e aculturação, indicando quais praticas culturais que determinado grupo deve realizar para nele se enquadrar, assim como seus símbolos mercadológicos.

Um exemplo é um estudo nomeado como "complexo da Pepsi"[230], realizado por Montague, o qual estabeleceu que em teste de preferência entre dois refrigerantes de sabor cola sem identificação, no qual centenas de representantes da Pepsi montavam mesas em shoppings e supermercados e distribuíam

---

[227] Na leitura do texto pode-se entender que as "pessoas-chaves", que influenciam o grupo, podem ser líderes de um determinado grupo (artistas, pessoas influentes etc.) que impõem o consumo de determinado produto ou pessoas na mesma posição hierárquica das demais (pessoas comuns) que apresentam o produto a ser consumido e é ratificado pelos demais pela repetição no consumo.
[228] KARSAKLIAN. 2008. Op. cit., p.161.
[229] LINDSTROM, 2009. Op. cit., p. 63
[230] MLODINOW, Leonard. **Subliminar:** como o inconsciente influencia nossas vidas. Rio de Janeiro: Zahar, 2013, p. 32.

dois copos iguais, um com refrigerante Pepsi e o outro com Coca-Cola, sem identificá-los para a pessoa que experimentava os dois e era questionado qual era o melhor, nesse momento houve uma preferência pelo Pepsi.

Posteriormente, em um segundo momento, foi informado a qual marca cada copo pertencia, antes de beberem, nesse segundo momento 75% dos pesquisados preferiram Coca-Cola, sendo que foi percebida uma alteração na atividade cerebral, houve fluxos sanguíneos registrados no córtex pré-frontal, uma parte do cérebro responsável pelo raciocínio mais elevado. Havendo um confronto entre a parte emocional e a racional do cérebro, sendo a parte emocional vencedora (pró Coca-cola). Apesar de racionalmente a pessoa tentar identificar o refrigerante mais saboroso, o emocional, gerado pelas associações positivas que foi criada desde criança sobressaem, criando laços emocionais por meio de anúncios e propagandas, dessa forma a Coca-Cola foi a vencedora.[231]

O que pode extrair-se desse estudo, é a afirmação de que há uma construção social de que a Coca-Cola é melhor e deve ser escolhida. E com base nessa realidade, duas teorias podem ser apresentadas como os dois extremos possíveis, a cognitiva da motivação e a behaviorista, que podem ser apresentadas da seguinte forma. A teoria cognitiva indica que a tomada de decisão é originária do conflito de dois elementos, a parte consciente do indivíduo e a interferência externa que o meio influi:

> A abordagem cognitiva da motivação propõe-se levar em consideração o que se "passa na cabeça" do organismo que se comporta. Segundo a teoria cognitiva, não há um estabelecimento automático de conexões estímulo-resposta, o indivíduo antevê consequências de seu comportamento porque adquiriu e elaborou informações em suas experiências. Assim, escolhemos, por meio da percepção, pensamento e raciocínio, os valores, as crenças, as opiniões e as expectativas que regularão a conduta para uma meta almejada.[232]

---

[231] LINDSTROM, 2009. Op. cit., p. 32.
[232] KARSAKLIAN. 2008. Op. cit., p.27 e 28.

Já a teoria behaviorista apresenta que todo o pensamento tem origem no hábito e nos impulsos biológicos, retirando qualquer elemento de racionalidade na tomada de decisão. Sendo que os "hábitos são criados pela continuidade da resposta ao reforço. A presença do reforço reduz o impulso." [233] Como a experiência de Pavlov, na qual um cachorro toda vez que soa um sino, ele recebe comida, o reforço foi repetido ao ponto do cachorro salivar apenas pelo tocar do sino, sem a presença de comida. Sendo para os behavioristas a mesma aplicação ao consumo e todas as nossas opiniões, que são criadas pela sociedade.

As duas teorias trabalham com o indivíduo e com a existência de uma ideia formada no indivíduo pela sociedade, o que as difere é que na primeira, a decisão tomada pela pessoa é de forma consciente, já na segunda é inconsciente, como ocorreu no experimento do refrigerante de cola, no primeiro momento quando as marcas estavam escondidas, a decisão tendeu a racionalidade, já no segundo momento quando foram revelados os nomes dos refrigerantes, o inconsciente agiu e o comando social imperou.

Uma última observação, sobre o elemento do fator social, que limita a pessoa é a inibição, sendo um elemento que influenciará uma pessoa a agir ou não conforme a sociedade estabelece e pode ser descrita como sendo forças que dominam a tomada de ação autonomamente realizada, tornando desconfortável o agir diferente diante de mais pessoas. Dessa forma, o consumidor não consome bens que seriam convencionalmente aceitos.[234]

Ou seja, para que uma pessoa aja ou se abstenha de fazer algo deve haver um elemento inibidor para contrariá-la, podendo haver uma reprovação social caso a pessoa não se porte da forma socialmente desejada. Como observado no romance de Nathaniel Hawthorne, The Scarlet Letter, no qual a sentença de

---

[233] Ibidem., p.84 e 85.
[234] Ibidem., p. 39.

Haster Prynne por ter cometido adultério, na cidade de Purithan, durante o século XVII, era utilizar sempre em suas roupas um "A" vermelho, com a intenção de envergonhá-la socialmente. Mas, fora da ficção, pessoas que foram flagradas dirigindo alcoolizadas, tiveram que colocar adesivos em seus carros, identificando-se como motoristas alcoolizados. Ou propostas de semelhante identificação dos condenados por abuso sexual infantil e outros crimes sexuais. Um homem que realizou violência doméstica foi obrigado a pedir desculpas em público à sua vítima e à comunidade.[235]

3.2.2 Fatores pessoais

Os fatores pessoais se iniciam e se desenvolvem com a necessidade de cada pessoa, no início o que se possui é o desejo para saciar algo que lhe falta, sendo sua origem física-biológica ou psicológica, e a busca para saciar essa necessidade é realizada pelo consumo, como quando existe uma desconfortável sensação de garganta seca, se afirma que está com sede (reconhecimento de necessidade), nesse momento se busca saciar a necessidade buscando alguma bebida que pode ser um copo d'água ou um refrigerante.[236]

A necessidade que cada pessoa tem, é o fator primordial do consumo, pois a partir do surgimento da necessidade é que a pessoa se destina ao consumo, que pode ser realizado de forma consciente ou não. Outro estudo relacionado aos fatores pessoais é o do autoconceito, o qual estabelece como parâmetro de pesquisa, não um elemento indicado pelo pesquisador, mas "estuda-se o vínculo existente entre o produto comprado e a percepção que o indivíduo tem (ou gostaria de ter) de si mesmo."[237]

Elementos psicológicos são parte dos fatores pessoais e a psicanálise, que possui como fundador, Sigmund Freud, entende que o comportamento humano é movido pela motivação

---

[235] SCHAUER, 2015. Op. cit., p. 132 e 133.
[236] KARSAKLIAN. 2008. Op. cit., p. 36.
[237] Ibidem., p. 48.

inconsciente e pelos impulsos instintivos, sendo o primordial deles os instintos de vida, que são responsáveis pela autopreservação e perpetuação, como o sexo. Portanto, a motivação comportamental é originária do inconsciente, que é formado do conflito entre sonhos, lapsos e sintomas neuróticos aparentemente irracionais. Trazendo a ideia para a análise do consumo como um símbolo e não apenas com base em sua função. "Não se compra um produto somente por aquilo que ele faz, mas também por aquilo que ele significa por meio de sua forma, sua cor, seu nome."[238]

O aspecto psicológico também está ligado ao fator social, mas é ligado ao elemento físico-biológico e à demais elementos que influenciam o consumo, assim como a nostalgia, que por meio de signos, cores, odores ou cheiros que desperta o consumidor. Nostalgia que pode ser descrita da seguinte forma para o estudo do consumo:

> Nostalgia - Emoção ambígua antes ligada à distância geográfica, a nostalgia é hoje utilizada para fazer com que o consumidor possa relembrar "os bons velhos tempos" Assim, os produtos mais apreciados são aqueles produzidos pelos sistemas antigos. As relações entre as pessoas tomando-se cada vez mais frias, as empresas procuram "humanizar" seu relacionamento com os clientes a fim de dar-lhes o gosto da amizade como antigamente. Além disto, sabe-se que a música e os odores remetem a situações passadas, coisa que é amplamente explorada pelo marketing sensorial. Esta tendência assume por vezes o nome de retromarketing ou marketing de autenticidade.[239]

Para corroborar com o estudo da nostalgia como elemento pessoal, que influi para o consumo, no início do século XX, foi realizado estudos de imagens do cérebro e encontraram evidências de que uma área vizinha ao córtex orbitofrontal, chamada córtex pré-frontal ventromedial, é a origem das

---

[238] Ibidem., p. 28 e 29.
[239] Ibidem., p. 75.

sensações cálidas e aconchegantes quando em contato com um produto conhecido[240].

Por último, o elemento do fator pessoal, que limita a pessoa é o medo, sendo um elemento que influenciará uma pessoa a agir ou não, sendo o medo, relacionado a pensamentos internos, como o risco que recai sobre sua integridade física ou financeira ou de "aplicar cremes desconhecidos sobre a pele, ou, ainda, medo de investir grandes somas de dinheiro num só produto."[241] Portanto, o medo é o elemento pessoal, que tende a superar os demais e pode ser implantado caso queira inibir algum outro fator pessoal, como o medo de ser preso.

3.3 FENÔMENOS DO CONSUMO

Após a constatação da existência de fatores pessoais e sociais, que influenciam o consumo para além de uma análise econômica, que se utiliza de uma matemática exata, deve-se observar que em quase todas as vezes se apresentam de forma mesclada, sem a possibilidade de identificação exata de qual fator influenciou ou mesmo no aspecto prático acerca da aplicação isolada de apenas um dos fatores. Portanto a disputa entre muitos profissionais que tentam estabelecer uma supremacia da psicologia, do elemento biológico ou da cultura que está inserido, se mostra improdutiva, pois é óbvia a influência de vários componentes. [242]

Por esse motivo é que se estabelece a apresentação dos fenômenos que interferem no consumo, como por exemplo a mudança realizada por Carolyn,[243] que aumentou ou diminuiu em 25% alimentos consumidos no refeitório escolar, apenas alterando o posicionamento dos alimentos. Essa mudança está envolvida de diversos fatores e várias teorias a explicam, mas se coaduna como um fenômeno de interferência do consumo que é

---

[240] MLODINOW, 2013, Op. cit., p.33
[241] KARSAKLIAN. 2008. Op. cit., p. 39.
[242] GIKOVATE, 2014. Op. cit., p. 13.
[243] SUNSTEIN, 2008, Op. cit., p. 01-02.

a inércia. Portanto, entende-se, que o estudo realizado com a divisão por fenômenos demonstra uma melhor organização e permite múltiplas visões e estudos de várias áreas para um mesmo fato.

Após explicação do porquê da seguinte estruturação, após vasta leitura houve a escolhas dos seguintes fenômenos de interferência no consumo, o qual se inicia com o habito e seu poder.

3.3.1 Hábito

Várias vezes as pessoas quando são questionadas o porque estão realizando determinada ação, percebem que não sabem, mas logo respondem que é por hábito e uma constatação em pesquisa da Duke University, identificou que no mínimo, 40% das ações que uma pessoa realizava em um dia era por hábito.[244]

Hábito pode ser conceituado[245] como sendo uma escolha que inicialmente realizamos de forma deliberada e com a repetição paramos de pensar, mas continuamos realizando-a rotineiramente. Um exemplo é a escolha de um trajeto da casa pro trabalho, em determinado momento o percurso acaba sendo realizado de forma automática, sem a pessoa perceber, tanto que em momentos que você tem que alterar a rota levemente pra comprar algo em uma loja no caminho, se não estiver totalmente atento, a pessoa não irá parar e continuará seu caminho habitual e sem perceber.

Uma comprovação da existência do hábito e realizada por uma experiencia[246] com ratos em labirinto, tendo suas atividades neurais monitoradas, foi constatado que na primeira vez constatou-se atividade cerebral máxima, mas com a repetição do

---

[244] DUHIGG, Charles. **O poder do hábito**: por que fazemos o que fazemos na vida e nos negócios. Tradução: Rafael Mantovani. Rio de janeiro: Objetiva, 2012. p. 16.
[245] Ibidem., p. 18.
[246] Ibidem., p. 37-38.

experimento no mesmo labirinto, o mesmo rato teve uma baixa atividade neural, pois ele não precisava mais arranhar as paredes nem farejar o ar, com o passar dos dias de repetição o rato não precisava escolher para que direção virar, por isso os centros de tomada de decisão do cérebro ficavam em silêncio. O único esforço era recuperar na memória o caminho e depois de uma semana de repetição até a atividade cerebral relacionada à memória reduziu, sendo os gânglios basais os responsáveis pelos atos do rato. Pesquisa que foi estendida para humanos quando em 2007, o neurologista alemão Mueller[247], e seus colegas da Universidade de Magdeburg implantaram pequenos dispositivos elétricos no gânglio basal de 05 alcoólatras, que inicialmente perderam o hábito de beber, mas em condições de estres o hábito retornou, mas foi resolvido com a criação de um novo hábito.

Essa redução da atividade neural, se mostra uma necessidade para reduzir o gasto de energia, pois a tendência de redução dos gastos energéticos com o sistema neural é necessária, pois conforme estudos realizados pelo grupo de Baumeister[248], a atividade neural consome mais glicose do que outras partes do corpo. E essa utilização somente quando necessária torna o processamento cerebral mais eficiente pois "nos permite parar de pensar constantemente em comportamentos básicos, tais como andar e escolher o que comer, de modo que podemos dedicar energia mental para inventar lanças, sistemas de irrigação e, por fim, aviões e vídeo games."[249]

Dessa forma se identifica a existência de dois sistemas cerebrais[250] sendo sistema 1 realizado de forma rápida e automática, com mínimo gasto energético e nenhuma percepção de controle voluntário. Já o sistema 2 reforça a atenção, análise e grande esforço do raciocínio, sendo destinado a realizar

---

[247] Ibidem., p. 112.
[248] KAHNEMAN, Daniel. **Rápido e devagar**: duas formas de pensar. Tradução: Cássio de Arantes Leite. Rio de Janeiro: Objetiva, 2012. p. 49.
[249] DUHIGG, 2012, Op. cit., p. 43.
[250] KAHNEMAN, 2012, Op. cit., p. 26 e 32.

atividades complexas, como cálculos e é responsável por suprimir os impulsos do sistema 1.

Mas como é esse processo de execução e consolidação do hábito? A resposta[251] está em um procedimento de três estágios em forma de loop, primeiro há um estímulo (deixa, cutucão) que faz o cérebro entrar no modo automático para desenvolver determinada ação, segundo há a realização da rotina que pode ser física, mental ou emocional. O terceiro momento é a recompensa, ou seja, o resultado do ato praticado, sendo que há inicialmente uma análise da satisfação gerada, o que fortifica o hábito.

O fenômeno do hábito possui tamanha força que é capaz de fazer a pessoa ignorar alguns perigos, conforme demonstra o experimento desenvolvido por pesquisadores afiliados ao National Institute on Alcohol Abuse and Alcoholism[252] (Instituto Nacional do Abuso do Álcool e do Alcoolismo), esses camundongos foram treinados a apertar alavancas e recompensados com comida, até transformá-lo em um hábito. Posteriormente a comida passou a ser envenenada, veneno que provocava forte enjoo, e eletrocutavam o chão perto da recompensa. Era evidente que os camundongos percebiam o perigo pois inicialmente se afastavam quando viam e cheiravam a bola de veneno e a grelha que dava choque, mas quando viam suas deixas antigas, apertavam a alavanca sem pensar e comia o veneno e andavam sobre a grade eletrificada. Portanto, mesmo sabendo do mal que suas ações podem gerar, o poder do hábito é maior que sua racionalidade.

Como se observa, o poder do hábito é forte, mas há o questionamento de como utilizá-lo. Uma das forma de empregar esse conhecimento, foi realizado por Hopkins[253], para vender Pepsodent (creme dental), isso em uma época que a população não escovava os dentes diariamente e por vezes nem o fazia, apenas 6% da população norte americana possuía creme dental. Para promover as vendas da pasta dental, Hopkins propagou o

[251] DUHIGG, 2012, Op. cit., p. 46.
[252] Ibidem., p. 53.
[253] Ibidem., p. 61-63, 65 e 91.

hábito das pessoas diariamente escovarem os dentes, o sucesso foi tamanho que em 1930, a Pepsodent já havia realizado vendas na China, África do Sul, Brasil, Alemanha e 65% da população norte-americana possuía o hábito de escovar os dentes diariamente.

Para desenvolver a efetividade das vendas do produto, Hopkins desenvolveu como motivo para o uso do produto, o combate à placa de mucina e deixar seus dentes mais brancos e bonitos, pois Shirley Temple a Clark Gable exibiam belos sorrisos, grandes atores da época. A placa combatida não possui nenhum perigo à saúde, mas possui uma textura quando se passa a língua por cima dos dentes, sendo esse o gatilho utilizado para criar o hábito, pois toda vez que se passava a língua nos dentes, havia uma lembrança de escovar os dentes. E para implantar uma recompensa para o hábito, Hopkins implantou na formula o ácido cítrico, o qual não era necessário para a criação ou efetividade do produto, apenas foi posto no produto para ao final da escovação a pessoa sentir na boca uma sensação de refrescância como se fosse uma indicação de que os dentes estivessem limpos, configurando como prêmio para reforçar a criação do hábito.

A consequência positiva, que gera uma satisfação e reforça a criação do hábito é constantemente utilizada, por diversos produtos e um exemplo é a espuma a qual é uma enorme recompensa, pois como explica Sinclair[254] ao afirmar que xampu não precisa fazer espuma, assim como sabão em pó e a pasta dental para serem efetivos, mas para satisfazer o consumidor e reforçar o hábito é acrescentado lauril éter sulfato de sódio apenas para isso, pois a sensação de limpeza é maior se houver espuma.

As recompensas são de tamanha importância que Schultz[255] desenvolveu uma série de experimentos neuroquímicos para entendê-los. Ele inseriu um eletrodo no cérebro de um macaco chamado Julio, com idade de 04 anos, o que permitiu monitorar as atividades neurais enquanto no momento exato da ocorrência.

---

[254] Ibidem., p. 95.
[255] Ibidem., p. 75-94.

Julio era colocado em frente de um monitor com uma alavanca que deveria ser acionada sempre que formas coloridas aparecessem (pequenas espirais amarelas, rabiscos vermelhos, linhas azuis), quando isso acontecia uma gota de suco de amora descia por um tubo pendurado no teto e caía nos lábios do macaco, do qual gostava muito. Na primeira vez do experimento, o macaco quase não olhava para o monitor, mas após receber o suco e associar com a aparição das imagens, o foco foi maior. Quanto aos registros dos eletrodos, constatou-se um pico que indica felicidade, no momento que recebia o suco, mas quando se tornou um hábito a leitura de felicidade ocorria já da visualização das imagens.

Constatando-se que o poder do gatilho do hábito funciona por ter sido associado com a boa recompensa, tal relacionamento possui tamanha efetividade que a deixa por si só, já gera efeitos de satisfação. Sendo que esses gatilhos podem ser dos mais diversos, por exemplo, um pesquisador de Cornell[256] identificou que a loja Cinnabon (vende pães e donuts) eram montadas dentro de shoppings, em locais longe de outros restaurantes, apenas para o cheiro de suas comidas ser ressaltado o que por antecipação, assim como ocorreu com Julio, em muitas pessoas o processo digestivo inicia, aumentando a criação da saliva, inconscientemente com a expectativa da obtenção de açúcares e carboidratos.

Outro exemplo que se utilizada do fenômeno do hábito é o combate do alcoolismo promovido pelos Alcoólicos Anônimos (A.A.), que foi estudado por J. Scott Tonigan[257], observou a utilização da mudança de hábitos para que as pessoas parassem de beber e esse procedimento ocorre com a interrupção do loop que se inicia quando a pessoa se sente mal, geralmente depressivo (gatilho), o que faz beber e com o efeito da bebida ele se sente satisfeito (recompensa). No grupo A.A. esse loop é modificado alterando no momento do gatilho (sentir-se depressivo) a pessoa deve procurar alguém para conversar (os grupos de conversas) e dessa conversa gerará uma satisfação pessoal pela interação pessoal. Pois nas reuniões você pode

---

[256] Ibidem., p. 79-80.
[257] Ibidem., p. 105-108.

"relaxar e extravasar suas ansiedades nos encontros, falando sobre elas."

Portanto, a interferência do fenômeno do hábito no comportamento do consumidor é tão evidente que a Comissão União Europeia[258] reconhece sua utilização para resultados mais satisfatórios e parece abraçar a ideia de que, se quer que as pessoas façam algo, deve torná-lo automático, intuitivo e significativo.

Então se há o desejo de influenciar a mudança de um hábito, deve-se criar uma deixa, uma rotina e uma recompensa, realizando-os em loop. Pense no exemplo do cigarro. Quando um fumante vê uma deixa (um maço de Marlboro), seu cérebro começa a esperar uma dose de nicotina. "A simples visão de um cigarro é suficiente para que o cérebro anseie por uma dose de nicotina. Se essa dose não chega, o anseio cresce até que o fumante, sem pensar, estenda a mão e pegue o cigarro."[259] E para mudar esse habito apenas é possível se quebrar algum dos elementos desse loop.

3.3.2 Inércia

Como indicado no início, em uma experiencia realizada por Carolyn em um refeitório escolar reorganizando a posição em que os alimentos eram posicionados, alterou o consumo de alguns alimentos em 25% a mais ou a menos, o que dependia era a facilidade com que o produto estava ao alcance. Por exemplo, ao abrir uma geladeira, se os refrigerantes estiverem na frente dos sucos, haverá uma tendência a escolher os refrigerantes, pois provavelmente a pessoa terá a inclinação em realizar menos esforço, pois constantemente há a opção pelo menor gasto energético, pois não tendemos a não gastar energia pensando acerca das opções possíveis e aplica-se a que já está apresentada.

---

[258] ALEMANNO, 2015. Op. cit., p.226
[259] DUHIGG, 2012, Op. cit., p. 82 e 83.

Desta forma, se não houver um esforço na atenção e provocar o raciocínio, a escolha será a de menor gasto energético, tendendo à inércia, esse fenômeno é chamado de "viés do status quo"[260]. Por essa razão, há a exploração das pessoas por terem forte tendência a aceitar o *status quo* ou a opção padrão, entendimento que é aplicado na doação de órgãos ser regra geral, sem necessidade de realização de nenhum ato para estabelecê-la, mas para indicar que não deseja ser doador, a pessoa tem que fazer alguma declaração, ou seja, deve realizar algum gasto energético. Outra prática que segue a mesma ideia é o posicionamento do cigarro em local de difícil acesso, o que necessitaria da pessoa tomar a ação para pegá-lo.

Pensando na tendência das pessoas pela inércia, as pesquisas em ciências sociais[261] revelam que, à medida que as escolhas se tornam mais numerosas, as pessoas tendem a adotar estratégias mais rápida e realizar simplificações. Por esse motivo que instalações de programas de computador, ou cadastro em sistemas de investimento, apresentam inicialmente duas possibilidades, que são as escolhas "padrão" (instalação padrão, que instalará todo o programa com apenas um clique) ou a avançada (instalação avançada, a qual lhe remeterá para um rol de possibilidades), essa prática serve para o arquiteto de escolhas em encaminhar na instalação padrão as tomadas de decisões que lhe é preferível, podendo ser boa ou má.

Ressalta-se uma análise realizada pelos paternalistas libertários[262]. Eles indicam que quanto mais difícil é registrar sua relutância em participar, menos liberdade a pratica política lhe permite. Salientando, que os paternalistas libertários querem impor baixos custos ou nenhum custo àqueles que seguem seu próprio caminho. Devendo essa imposição de dificuldade ser apenas para bloquear o impulso do sistema 1.

3.3.3 Feedback

---

[260] SUNSTEIN, 2008, Op. cit., p. 08 e 09.
[261] Ibidem., p. 96.
[262] Ibidem., p. 177 e 178.

Um passo importante é o processo de *feedback*[263] aos consumidores por meio de melhor informação e divulgação, pois para o consumidor é necessário, por ter a difícil percepção entre causa e efeito,[264] quando estes não ocorrem imediatamente, sendo esse lapso temporal às vezes de anos. Como ocorre no consumo do cigarro em que o tempo de fumar e ter um câncer de pulmão chega a ser de décadas. Como no Brasil estipulada pela resolução da ANVISA RDC nº 335/03, que determina a necessidade de se indicar nas embalagens de cigarro as expressões: "este produto contém mais de 4.700 substâncias tóxicas, e nicotina que causa dependência física e psíquica"; e "não existem níveis seguros para consumo destas substâncias" e a resolução RDC nº 46/01, a qual veda a utilização de expressões como baixo teor, suave, light, leve, teor moderado, entre outras expressões que repasse o sentido de que o consumo do produto reduziria os riscos à saúde.

A informação para as pessoas é necessária, até em relação a tributação que está inserida em determinado produto, " garantindo, assim, maior controle social do orçamento público, bem como preservando seu direito de consumidor consciente sobre o preço efetivamente pago pelo produto/serviço com o devido destaque dos tributos ali incidentes."[265] Dever de informação determinado na legislação brasileira pela Lei n. 12.741/2012, a qual em seu art. 6º, III, determinando "a informação adequada e clara sobre os diferentes produtos e serviços, com especificação correta de quantidade, características, composição, qualidade, tributos incidentes e preço, bem como sobre os riscos que apresentem." Especificadamente, em relação à prestação de informação da carga tributária, a sua aplicação é lenta e desrespeitada, inviabilizando até a conscientização do contribuinte-consumidor

---

[263] Ibidem., p.187 e 188.
[264] BUONOMANO, Dean. **O cérebro imperfeito**: como as limitações do cérebro condicionam as nossas vidas. tradução Leonardo Abramowicz. Rio de Janeiro: Elsevier, 2011, p. 76.
[265] CAVALCANTE, Denise Lucena; HOLANDA, Fábio Campelo Conrado de. Relações de consumo e transparência fiscal: o descaso em relação à Lei 12.741/2012. In: **Revista de direito internacional econômico e tributário**, v. 12, p. 246, 2017, p. 247.

de que o preço pago é formado por elevada carga tributária e que se busca desincentivar o produto específico.

Tais estratégias podem melhorar o funcionamento dos mercados e do governo, apresentam baixo custo operacional e dentre as opções existentes é a que menos interfere na autonomia individual, mas depende muito da forma que é realizada e dentre os fenômenos possui um dos efeitos mais baixos.

O relatório BIT (Behavioural Insights Team)[266] de 2010 sobre a saúde, defendeu a rotulagem de calorias dos cardápios nos restaurantes como forma de capacitar os cidadãos e ajudá-los a fazer escolhas mais saudáveis. A ideia de que isso afetará a escolha de alimentos é uma opção intencional. No entanto, isso pode não necessariamente ser confirmado na prática. Um exemplo é a cidade de Nova York, onde uma lei exigindo que os itens do menu fossem rotulados, após analise dos dados de antes e depois da introdução da informação. Foi identificado que, embora algumas pessoas tenham informado que a contagem de calorias afetou sua escolha de alimentos, as informações não influenciaram realmente o número de calorias compradas e por vezes o consumo teve um aumento, pois alimentos que se achavam muito calóricos, não o eram.

Mas apesar da aparente inefetividade, ela é necessária, pois as pessoas têm dificuldade em prever como suas escolhas afetam suas vidas. E a informação apresentada fornece um foco na quantidade enorme de informações que envolvem o consumidor, conforme é apresentado pela pesquisa realizada por Christopher Chabris e Daniel Simons[267], os quais pediam para as pessoas contarem o número total de passes com a bola de basquete que apareciam no filme, ao fim perguntavam quantos passes foram dados e se viram o gorila, todos que participaram da pesquisa disseram que não tinha gorila no filme, mas ao reapresentar todos viram de forma clara um gorila. Isso mostra que as pessoas têm um limite a informações que prestam atenção, ou seja, o consumidor necessita de informação, mas a

---

[266] ALEMANNO, 2015. Op. cit., p.67.
[267] SUNSTEIN, 2014, Op. cit., p. 23.

informação oferecida tem que ser funcional e não pode ser complexa ou em grande volume (informações pontuais e de rápida compreensão). Exemplos[268] são as mensagens obrigatórias sobre os riscos de fumar cigarro, que teve sua primeira utilização em 1965 e aprimorada em 1969 e 1984, é o exemplo de uma política de divulgação. A Food and Drug Administration requer rótulos de risco para produtos farmacêuticos. A Agência de Proteção Ambiental (APA) fez o mesmo para pesticidas e amianto, requerendo etiquetas com essa informação.

Essa necessidade de informação das consequências, como se constata pela ação de várias agências, decorre da falha de análise e previsibilidade das pessoas acerca de seu futuro, pois há uma tendência de estabelecer uma realidade muito otimista.[269] Tal acontecido é denominado de efeito "acima da média", muitas pessoas acreditam que eles têm a probabilidade menor do que outros de sofrer infortúnios vários, incluindo acidentes de carro e os resultados de saúde ruim. Um estudo descobriu que os fumantes acreditam que seus riscos pessoais são menores do que a média não-fumante. Otimismo realista está relacionado com o viés de confirmação, que ocorre quando as pessoas dão peso especial a informação que confirma suas crenças. Por esse motivo que o consumidor deve ser conscientizado e essa prestação de informações deve ser realizada de tal forma que seja simples e rápida de entender, para que se busque uma maior efetividade.

Um exemplo de como o realizar o *feedback* e que pode ser efetivo dependendo do meio utilizado, é visível como ocorreu na busca de reduzir o consumo elétrico[270], que era enviada por e-mail ou mensagens de texto, mas não surtiam efeito. Esse modelo foi modificado para a inserção de *Ambbient Orb*, uma pequena bola, instalada dentro da residência, que emite uma luz vermelha ou verde a depender do nível de consumo, se está acima ou abaixo da média. O que gerou em um período de

---

[268] SUNSTEIN, 2008, Op. cit., p. 188.
[269] Ibidem., p. 25.
[270] SUNSTEIN, 2008, Op. cit., p. 194.

semanas, em momentos de pico, a economia de 40% de consumo de energia elétrica.

Outra utilização do *feedback*[271], que busca realizar os *insights* de forma clara e imediata, é a implantação nos rótulos dos alimentos de etiquetas de cores diferentes no mesmo conceito do semáforo, sendo a informação repassada correlacionada às informações nutricionais. Essa forma, foi recentemente estabelecida em acordo firmado no Reino Unido entre o ministério da saúde pública e os grandes varejistas. Ideia que foi testada por meio de uma série de estudos comportamentais, que buscam aumentar a acessibilidade à informações nutricionais, ajudando-os a escolher produtos mais saudáveis em um piscar de olhos. O novo Regulamento de Informação Alimentar exige que a informação obrigatória sobre os alimentos seja colocada em locais facilmente visíveis e de forma legível, também exige que as informações sejam apresentadas por 100ml ou por 100g. O que busca informar eficazmente o consumidor e com isso modificar o estilo de vida para um mais saudável.

Ressalta-se[272] que devido à constante mudança de preferências individuais, as estratégias baseadas na cognição podem exigir manutenção constante. Por exemplo, avisos pictóricos e imagens chocantes em embalagens de cigarros, devem ser trocados regularmente para evitar a ocorrência de inutilidade.

3.3.4 Filtragem colaborativa

As influências sociais vêm em duas categorias básicas[273]. A primeira é a pressão dos colegas sobre as ações pessoais e o que elas pensam. A segunda e que aqui é relevante, envolve informações. Se muitas pessoas fazem algo ou pensam algo,

[271] ALEMANNO, 2015. Op. cit., p. 245-250.
[272] Ibidem., p. 51.
[273] SUNSTEIN, 2008, Op. cit., p. 54.

suas ações e pensamentos transmitem informações sobre o que é melhor para você fazer ou pensar.

Esse fenômeno é chamado de "filtragem colaborativa"[274]. O qual usa dos julgamentos de outras pessoas que compartilham seus gostos, para filtrar o vasto número de opções disponíveis. A filtragem colaborativa se concretiza pela visualização de quantas pessoas fizeram uma determinada escolha, esse número é utilizado como informação de viabilidade do produto, ou seja, estabelece o pensamento "já que tantas pessoas gostaram deve ser bom e também gostarei". Um exemplo é a tendência de um site que tenha músicas para baixar, as mais baixadas irão ser aquelas que mostrem um contador de downloads já realizados, sendo a lista organizada por qualquer fator, quando o número de vezes que foi baixada é visível, as de maior número receberão maior atenção. Portanto, a escolha dos outros é uma garantia de qualidade do produto, induzindo a sua utilização para os novos usuários ou influenciar a forma de agir.

A filtragem colaborativa pode ser boa ou ruim, vai depender da situação. Mas a sua força de influência e de criação de uma prática consumerista (tendência) é real, podendo ser o influenciador um grupo ou uma única pessoa, havendo inclusive atualmente a figura do influenciador digital[275]. Ele irá avaliar a qualidade, o que trará um padrão na vida, indo muito além do consumo. Essa influência é de tamanho ao ponto de interferir em respostas matemáticas, técnicas, analíticas, etc. Experimentos variados confirmam o poder dessa figura, dentre os experimentos ressalta-se o de Muzafer Sherif (realizado em 1937) e de Solomon Asch (realizado em 1950)[276], o primeiro utiliza em uma sala escura um ponto de luz parado e segundo se perguntava das três linhas de tamanhos iguais. Nesses experimentos se perguntava inicialmente para pessoas sozinhas

---

[274] Ibidem., p. 96.
[275] Ressalte-se a consciência da importância do influenciador digital possuir premiação permissão, conhecida como "prêmio influenciadores digitais", classificando-os por categorias, como economia, política e atualidades ou comportamento e estilo de vida. Disponível em: <http://premioinfluenciadores.com.br/>. Acesso em 03.ago.2018.
[276] SUNSTEIN, 2008, Op. cit., p. 54-60.

se o ponto de luz estava realmente parado e se as linhas eram realmente iguais, posteriormente faziam a mesmas perguntas, mas colocavam a pessoa junta com outras pessoas, que trabalhavam para a pesquisa e eram os primeiros a falar e davam a resposta errada, tudo de forma proposital. Os resultados dessas pesquisas demonstraram que grande parte das pessoas que estavam em grupo seguiam a resposta estabelecida pelo influenciador, mesmo individualmente ter resposta diferente, sendo esse experimento repetido diversas vezes, inclusive utilizando como objeto de discussão contas simples de matemática. Deste modo, a filtragem colaborativa, pode indicar o consumo de alimentos mais saudáveis, práticas esportivas entre outras coisas mais.

3.3.5 Mensagem subliminar e percepção inconsciente

Existem alguns eventos que a pessoa não percebe de forma consciente, ela é absorvida de forma subliminar, palavra que "do latim significa abaixo do limite."[277] Sendo estabelecida pelos psicólogos como algo que está abaixo do limite da consciência. Sendo essa falta de discernimento uma herança evolutiva de um fator de sobrevivência, pois apesar da importância do raciocínio (sistema 2) par realizar cálculo matemático, projetar construções e maquinários, "só a velocidade e a eficiência do inconsciente podem nos salvar na hora de evitar picadas de cobra, carros que entram no nosso caminho ou pessoas que nos fazem mal."[278]

Essa diferença entre raciocínio consciente e inconsciente origina-se da necessidade de exclusão de algumas informações por falta se processamento cerebral[279], pois somente o sistema sensorial do homem, envia ao cérebro uma média de 11 milhões de bits de informação por segundo, sendo a estimativa de processamento no montante de 16 a 50 bits por segundo, por

---

[277] MLODINOW, 2013. Op. cit., p. 08.
[278] Ibidem., p. 20.
[279] Ibidem., p. 33 e 34.

esse motivo, há a exclusão do processamento de parte da informação, o que dá origem aos atos inconscientes.

Se utilizando desse montante de informação que não é analisada de forma consciente é que as mensagens subliminares, por exemplo, é a pesquisa realizada pelo psicólogo John Bargh,[280] na qual pediram para estudantes da Universidade de Nova York, para montar frases de quatro palavras partindo de uma série de cinco palavras recortadas. Os alunos foram divididos em grupos, o primeiro grupo recebeu frases que as palavras: pessoas idosas, Flórida, esquecido, careca, grisalho ou ruga. Após montarem as frases pediam para os jovens irem para outra sala e para irem passavam por um corredor, nesse momento os pesquisadores mediam o tempo que cada pessoa demorava no corredor para ir de uma sala para outra. O resultado do experimento foi que as pessoas que receberam as palavras correlacionadas com velhice demoraram mais tempo para fazer esse percurso, o qual passou a ser chamado de "efeito Flórida". Isso ocorre da seguinte forma, há um *priming,* que é algo que representa uma ideia (a Florida é culturalmente conhecida por ter muitos habitantes velhos e destino de muitos aposentados), já em um segundo momento, essa ideia apresentada influencia o comportamento, pois com a associação de que pessoas velhas andam devagar então os estudantes andaram devagar. Todo esse processo ocorre sem a percepção da pessoa.[281]

O uso desse estudo foi realizado em um supermercado na Inglaterra[282], no qual foram postos à venda quatro vinhos franceses e quatro alemães, dos mesmos preços e dos mesmos tipos. Em dias variados eram tocadas músicas a franceses e alemães em uma caixa sonora acima da prateleira dos vinhos. Nos dias de música francesa eram vendidos 77% de vinhos franceses e nos dias de música alemã se vendia 73% de vinhos alemães. E quando se questionava aos consumidores, acerca da

[280] DUHIGG, 2012, Op. cit., p. 60.
[281] Outro estudo que demonstra a supremacia do inconsciente é a pesquisa apresentada nas fls. 90 e 91 no tópico 4.2.1. Fatores sociais, explicando o "Complexo da Pepsi" no qual o subconsciente estabelece um uma preferencia de gosto, apenas pela marca, ignorando o gosto real.
[282] MLODINOW, 2013. Op. cit., p. 25.

influência sofrida pela música, um em sete perceberam que sofreram influência da música que era tocada.

Outro exemplar de interferência subliminar, este já sobre interferência do ambiente, foi realizado no Arizona em 2000[283] é um estudo sobre votação sobre aumento de verbas para escolas, sendo que a votação era mais favorável, quando a votação ocorria em prédios de escolas, ou quando mostravam imagens de armários ou de salas de aulas.

Com base nesses estudos é que a Coca-Cola[284], além de realizar propagandas, inserem de forma protuberante seus produtos durante o programa "American Idol", estando um copo de Coca sempre em cima das mesas dos jurados e todas as cadeiras ou sofás tinham contornos arredondados semelhantes a uma garrafa de Coca-Cola, as paredes fora do palco eram da cor vermelho Coca-Cola. Após uma contagem verificou-se que o refrigerante está presente em 60% do tempo do programa. Tudo isso para influenciar subliminarmente as pessoas a beberem o refrigerante.

Já a Philip Morris[285] oferece aos donos de bar, incentivos financeiros para que eles encham seus estabelecimentos com "esquemas cromáticos, móveis especialmente projetados, cinzeiros, azulejos sugestivos com formatos atraentes semelhantes a partes da logomarca do Marlboro" e outros símbolos que indiretamente identificam a marca de cigarro. Essas "instalações" ou "Hotéis Marlboro", como denominadas, geralmente são salões cheios de sofás forrados de vermelho Marlboro com televisores que ficam passando cenas do Velho Oeste com cenas com paleta vermelha (referência às clássicas propagandas - "Homem Marlboro"). Tanto que nos Estados Unidos da América, "em 1987, os pontos de venda receberam cerca de 33% do orçamento total de publicidade da indústria; em 1999, esses investimentos passaram para 43%; chegando, em 2007, a 85%."[286]

---

[283] Ibidem., p.62.
[284] Ibidem., p. 44.
[285] LINDSTROM, 2009, Op. cit., p. 75.
[286] NASCIMENTO, 2012. Op. cit., p. 94.

Todas essas práticas têm suas finalidades, nos casos de cigarros, é muito comum, pois em 1997, a marca de cigarros Silk Cut[287], em preparação para a proibição de propagandas no reino Unido, iniciou o procedimento de implantação do reconhecimento subliminar da marca. Ela iniciou colocando uma faixa roxa ao fundo da logomarca, introduzindo a associação entre a marca Silk Cut e a faixa roxa. Quando ocorreu a proibição de publicação do logo ou de cigarros, a empresa criou outdoors nas estradas sem nenhuma informação, foto ou logomarca, apenas uma faixa de seda roxa. Após essa mudança, 98% dos consumidores reconheciam os outdoors com propaganda da Silk Cut, mesmo afirmando não saberem como isso ocorria.

Todos esses atos se desenvolvem, pois, o cérebro humano realizar automaticamente correlações entre os sentidos e sua memória. Uma exemplificação que demonstra esse entrelaçamento, o efeito McGurk,[288] o qual após o cérebro memorizar o movimento dos lábios ao realizar a sílaba "ba", há uma correlação entre o que se ouve e o que realmente se fala, pois quando realizado o mesmo movimento mas sonorizando sílabas parecidas (ga ou da), a correlação envolvendo a visão e a memória, sobrepujam a audição e lhe faz ouvir sempre a sílaba "ba", sendo que no momento está sendo entonado a "ga" ou "da".

Outro modelo de interferência entre o consumo e o sistema neural é a imitação dos atos sem a percepção do agente, como se fossem espelhos,[289] como quando Steve Jobs realizou, do ponto de vista neurocientífico, era nada menos do que o triunfo de uma região do cérebro associada a algo chamado neurônio-espelho.[290] Esse fenômeno ocorre quando[291] de uma

---

287 LINDSTROM, 2009, Op. cit., p. 79 e 80.

288 BUONOMANO, 2011. Op. cit., p.15 e 16.

289 LINDSTROM, 2009, Op. cit., p. 54.

290 Ibidem., p. 55. A espécie de neurônio, denominado neurônio-espelho foi comprovado por meio das "imagens de IRMf e TEE das regiões do cérebro humano que supostamente contêm neurônios-espelho — o córtex frontal inferior e o lobo parietal superior — indicam que sim, pois essas regiões são ativadas quando alguém está realizando uma ação, e também quando uma pessoa observa a ação da outra."

visita ao shopping uma mulher ver em uma vitrine da GAP um manequim em perfeita forma, extremamente bem trajado, imputando ao manequim as adjetivações de lindo, elegante, sensual, confiante, relaxado e atraente. Subconscientemente a pessoa faz a ligação da imagem que está vendo e estabelece que obterá os mesmos adjetivos se obter aquelas roupas, mesmo que não possua o mesmo físico e as roupas não tenham o mesmo caimento. Mas acaba comprando, pois o que você comprou foi uma imagem ou uma atitude, pois acredita-se que repetindo as mesmas vestimentas, atingirá a mesma impressão e esse espelho se estende às diversas outras áreas.

A interferência subliminar ocorre até no momento da realização de momentos racionais, como em análise de expectativas de custos, possibilidades de ganhos, tudo sofrendo interferência pela ancoragem realizada de forma subliminar. Sendo o seguinte exemplo utilizado para ancoragem subliminar foi o realizado pelo supermercado em Sioux City, Iowa.[292] No qual, a sopa Campbell's , cerca de 10% abaixo do preço normal, sendo que alguns dias havia uma placa informando o limite máximo de 12 produtos por pessoa e em outros dias, havia uma placa informando que não existia limite, no dia que era estabelecido limite a média de compra era 07 por pessoa, que era o dobro do dia sem informações. Portanto, o número apresentado inicialmente funciona como ancoragem e todos as decisões o rodearão, mesmo que o número esteja relacionado diretamente.

Ressalte que mensagens subliminares podem até modificar a avaliação do preço de produtos e quanto os consumidores estão dispostos a pagar por eles, experimento denominado de "emoção inconsciente"[293], indicaram que o consumidor que é exposto a rostos sorridentes ou zangados, pelo tempo de 16 milissegundos,[294] é o suficiente para afetar o valor que a pessoa

---

[291] Ibidem., p. 59.
[292] KAHNEMAN, 2012. Op. cit., p. 137.
[293] LINDSTROM, 2009, Op. cit., p. 72 e 73.
[294] Indica-se que é o tempo necessário para o cérebro ver a imagem e traduzir seu significado, como sendo um sorriso ou uma cara feia. Há de realizar o presente aviso, pois há um falso conceito de mensagens subliminares na qual

está disposta a pagar por uma bebida. Sendo que quando viam os rostos sorridentes consumiam mais bebida e estavam dispostos a pagar o dobro das pessoas que viam o rosto triste.

Mas, sobre todos esses elementos de publicidade é a questão da ética,[295] utilizando de mensagens subliminares e raciocínios imperceptíveis, pois para reduzir a quantidade de alimentos consumidos em *fast food's*, bastaria obrigar que as lojas instalassem espelhos, pois as pessoas acima do peso se veriam e ficariam intimidadas. Devendo a sua aplicação analisada entre os custos favoráveis e contra de aspectos morais e financeiros.

3.3.6 Recompensa imediata

O fenômeno que envolve o consumidor e interfere em diversas tomadas de decisões é a análise da recompensa e em tempo ela ocorrerá, pois, a depender de diversos elementos que envolvem a situação, a escolha pode variar, mas existe uma tendência inicial de escolher opções cujas recompensas sejam observáveis no prazo mais curto possível.

Conforme experimento clássico realizado por Walter Mischel, no qual utilizando de crianças de 04 anos, as colocavam em um dilema, em que teriam que escolher entre uma recompensa imediata (um biscoito recheado da marca Oreo) ou dois biscoitos se aguardassem o período de 15 minutos, que seria o tempo do aplicador da pesquisa sair da sala e retornar, nesse momento a criança estaria sozinha com o biscoito (estando juntamente com a criança um sino, o qual poderia ser tocado e o teste acabaria e a criança recebe apenas um biscoito). Grande maioria das crianças não aguentaram

---

a imagem de uma propaganda era apresentada em taxa de fremes muito rápidas durante filmes. A qual foi informada pelo seu principal propagador como não tendo efetividade alguma. BUONOMANO, 2011. Op. cit., p. 105-156.

[295] SUNSTEIN, 2008. Op. cit., p 244.

esperar e comeram apenas um biscoito. Experimento que foi repetido com *marshmallows* e o mesmo resultado se repetiu. [296]

Pode-se questionar que essa pesquisa realizada com crianças não é aplicável a adultos[297], mas não é verdade, por exemplo, questionando um grupo de pessoas, chegou-se aos dados que 63% preferem ganhar 3.400 dólares este mês do que ganhar 3.800 dólares no mês seguinte. "Essa tendência à gratificação imediata é chamada de desconto do tempo: o valor percebido de uma possível recompensa diminui com o tempo."[298] Sendo um cálculo fora da racionalidade econômica clássica, a qual classifica como irracional, pois a tomada de decisão pode estar ligada apenas no desejo de não esperar.

A explicação científica[299] para esse ocorrido, perpassa pelas características oriundas da evolução histórica que o ser humano passou relacionados à dificuldade de se obter alimentos, por ter imprevisibilidade, até sobre estarem vivos no dia de amanhã. Criou uma resposta automática para a recompensa imediata. De forma semelhante, se você estiver sem dinheiro e seu filho estiver faminto, a escolha humana seria negar a premiação maior e receber de forma imediata. Existindo em regra dois fatores básicos para essa escolha, que são ainda estar vivo para recebê-la ou que a oferta ainda possa ser cumprida, caso espere.

Já com relação ao o que ocorre no cérebro está vinculado com a liberação de dopamina causando uma explosão de bem-estar, substância que é secretada quando tomamos a decisão de comprar algo. Esse fluxo de dopamina alimenta a intenção de continuar comprando, para manter constante essa sensação de satisfação, mesmo que a pessoa tenha conhecimento da sua situação econômica e queira parar. Conforme indica David Laibson, um economista da Universidade Harvard, que afirma: "O cérebro emocional quer estourar o limite do cartão de

---

[296] KAHNEMAN, 2012. Op. cit., p. 54.
[297] Ibidem., p. 55.
[298] BUONOMANO, 2011. Op. cit., 76.
[299] Ibidem., p. 77.

crédito, apesar de o cérebro lógico saber que devemos poupar para a aposentadoria."[300]

Outro problema que está envolvido com o fenômeno do imediatismo é o cálculo de análise de custos durante um longo tempo, o que normalmente não se faz, um modelo[301] que o representa com uma família ao decidir comprar um carro pelo valor de dez mil dólares, andar de taxi ou utilizar transporte público, os custos acrescidos ao carro são o combustível, reparos e seguro anual. Com base nesse cálculo que as famílias irão escolher qual a melhor, a escolha de maior viabilidade. Contudo, há um erro nessa conta, que é o custo de oportunidade dos dez mil dólares, pois esse dinheiro poderia ser investido e renderia mais, talvez o suficiente para custear as viagens de táxi.

---

[300] LINDSTROM, 2009, Op. cit., p. 62.
[301] SUNSTEIN, 2014. Op. cit., p. 98 e 99.

6 of Merchants' Trade

120

4 REFLEXOS DO PREÇO NO CONSUMO

Nesse presente momento, o estudo se verterá a análises de casos concretos, em busca de estabelecer base de verificação e plausibilidade dos argumentos anteriormente apresentados, buscando empiricamente identificar os efeitos, ultrapassando a realização apenas de cálculo econômico de forma teórica[302]. Sendo para tanto, escolhido alguns bens dentre os quais, além de serem os mais conhecidos, já existem estudos realizados e tributações existentes em vigor por tempo suficiente para poder indicar se os efeitos pretendidos são existentes. Os produtos, escolhidos são três: os derivados de tabaco; as bebidas alcoólicas e os alimentos indicados como não sendo saudáveis. Tamanha é a importância desses objetos, que a União Europeia,[303] sob orientação da Organização Mundial de Saúde (OMS), adotou várias medidas para reduzir o seu consumo, como a Estratégia do Álcool da UE (2006), o Livro Branco de Prevenção da Obesidade (2007), a Recomendação do Conselho sobre ambientes livres de fumo (2009), a diretiva relativa aos produtos do tabaco (2001) e a diretiva relativa à publicidade ao tabaco (2003).[304] Pois uns dos principais fatores de risco, causadores das doenças não transmissíveis (DNT), que são respectivamente o tabagismo, uso nocivo de álcool e obesidade. Sendo as DNTs responsáveis por quase 86% das mortes e 77% das doenças na Europa, o que causou um movimento para estabelecer um estilo de vida mais saudável.

Deve-se indicar que esses bens podem ser divididos em dois grupos, o primeiro é o grupo da pretensão de alteração quantitativa do bem, pertencendo a ele o cigarro e o álcool. Já no segundo grupo, há a busca de alterar a qualidade do bem, que

---

[302] LEIFERT, R. M. **Análise dos efeitos de um imposto sobre alimentos engordativos no mercado brasileiro.** 2013. 71.f. Dissertação (Mestrado) - Faculdade de Economia, Administração e Contabilidade de Ribeirão Preto, Universidade de São Paulo, Ribeirão Preto, 2013.
[303] ALEMANNO, 2015. Op. cit., p. 236.
[304] Ibidem., p. 241.

se restringe aos alimentos que não seriam saudáveis. Essa diferenciação dos dois grupos é importante para posterior análise de viabilidade e adequação para como toda a matéria já apresentada anteriormente, principalmente a análise de eficiência para indicar ser ou não uma medida proporcional, pois esses tributos possuem fundamento na extrafiscalidade e há a afirmativa que essa fundamentação é falaciosa e "estes são impostos em que, visando a um objetivo financeiro e servindo-se de um discurso econômico, o Fisco explora ainda 'as vozes da consciência'"[305].

Para realizar essa análise de dados, há de se buscar números de redução do consumo enquanto há a incidência da tributação, visualizar o nexo causal entre esses dois elementos e apresentar, se outro elemento interferiu nessa possível redução. Vale ressaltar, que as pesquisas empíricas realizadas em todo o mundo são poucas e não são completas, pois é uma medida pública relativamente recente, portanto, os seus reflexos não são totalmente visíveis, por esse motivo, busca-se apresentar estudos internacionais, mas haverá uma preferência pelos brasileiros. E, acima de tudo, o caso é complexo, rodeado de variáveis ao ponto de em todas as pesquisas afirmarem realizar uma delimitação, que torna impossível realizar algumas afirmativas de forma absoluta, mas com a reunião dos dados de várias pesquisas, se busca indicar se o elemento tributo foi causador de interferência no consumo dos bens que tinha seu preço elevado.

4.1 CIGARRO

O tabaco foi um produto consumido durante muitos séculos e uma das principais formas de utilizá-lo é fumando-o como cachimbo, charuto, cigarrilha ou cigarro. O fumo foi durante algum tempo, até veiculado como saudável, pois fazia bem para o pulmão, relaxava as cordas vocais e acalmava a pessoa. Contudo, essa imagem mudou após diversas pesquisas

---

[305] VASQUES, Sérgio. **Os impostos do pecado**: o álcool, o tabaco, o jogo e o fisco. Coimbra: Almedina, 1999, p. 242.

que correlacionaram com problemas de saúde e diversas doenças, sendo em 1964, publicado o relatório do Surgeon General e intensificaram-se as pesquisas sobre os efeitos à saúde de fumantes e não-fumantes decorrentes do consumo de cigarro e outros derivados de tabaco. Provocando o aumento dos movimentos antitabagistas, que promoveram ações junto aos governos mundiais que adotarem políticas públicas de repressão ao consumo, fabricação e comercialização de cigarros e similares.[306]

Esse movimento mundial de combate aos produtos derivados do tabaco ganhou muita força ao ponto de em 2003, ser firmada pela Organização Mundial da Saúde (OMS),[307] convenção chamada Convenção-Quadro, que conta com a adesão de mais de 170 países,[308] a qual conta com as medidas antitabagistas implementadas por meio de duas variáveis importantes para o setor de cigarros que são a publicidade e preço. Nessa convenção, em seu artigo 6° estabelece que medidas de controle de preços por meio de tributos, para que diversos segmentos da população, em particular os jovens, reduzam o consumo de tabaco para contribuir para os objetivos de promoção da saúde com a reduzir o consumo do tabaco.

Por exemplo, no Brasil foi instituída tributação em 27/05/1999 o Decreto n° 3.070, que definiu uma alíquota com valor fixo e os cigarros enquadrados em quatro classes distintas, conforme o tipo de embalagem (embalagem rígida e maço) e o seu comprimento (inferior ou superior a 87 mm), sendo estabelecido pela Lei 12.546 um preço mínimo para o cigarro, com vigência a partir de maio de 2012, quando o preço mínimo passa a ser de R$ 3,00, aumentando R$ 0,50 anualmente até atingir R$ 4,50 em 2015.

---

[306] NASCIMENTO, 2012. Op. cit., p. 14.
[307] WHO (World Health Organization). Framework Convention on Tobacco Control (Convenção-Quadro). Geneva: WHO, 2005a. Disponível em: <http://www.who.int/fctc/text_download/en/index.html> Acesso em: 20.set.2018.
[308] WHO (World Health Organization). **Parties' reporting timeline in the initial period of 2007-2011.** Geneva: WHO, 2011. Disponível em: <http://www.who.int/fctc/reporting/who_fctc_party_reporting_timeline/en/index.html> Acesso em: 01.set.2018.

Posteriormente, com a Medida Provisória nº 540, em seu artigo 14° possibilitou ao fabricante a optação do preço fixo, a possibilidade de incidência do IPI sobre o cigarro com uma alíquota variável de 300%, "que não poderá ser inferior a 15% do preço final ao varejo, o que acarretará em uma alíquota *ad valorem* efetiva equivalente a 45% do preço de venda a varejo dos cigarros".[309] Já no Decreto nº 8.656 de 29/01/2016, definiu nova alíquota *ad valorem* para os pacotes com 20 cigarros a partir de 01/05/2016 (63,3%), e novo aumento após 01/12/2016 (66,7%). O decreto também elevou o preço mínimo do pacote com 20 cigarros para R$ 5,00. Posto a toda essa tributação, foi indicada a redução de fumantes demostrada no quadro 01[310], referente ao período de 1990 até 2010:

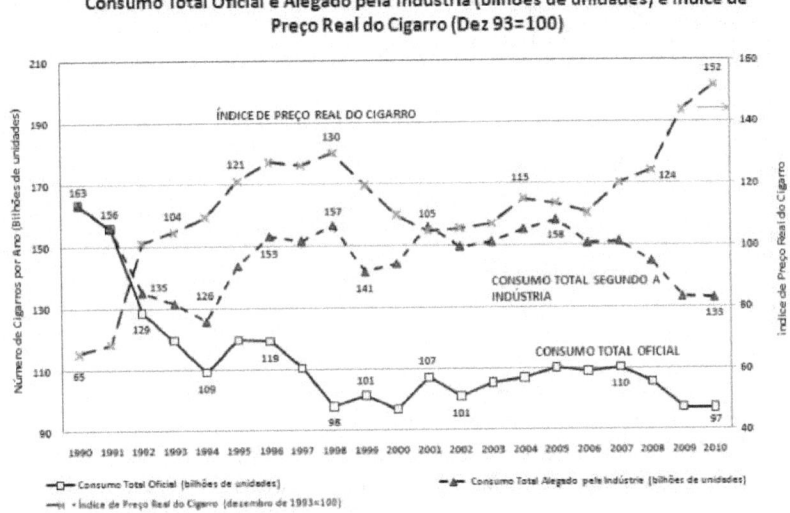

Quadro 01 Fonte: Associação Contra o Tabagismo brasileira (ACT BR)

---

[309] NASCIMENTO, 2012. Op. cit., p. 66.
[310] Quadro 01: Consumo total oficial e alegado pela indústria (bilhões de unidades) e índice de preço real do cigarro (dez-93-100). In: **Porque aumentar preços e impostos factsheet**. Associação Contra o Tabagismo Brasileira. 2008. Disponível em: <http://www.actbr.org.br/uploads/arquivo/643_Porque_aumentar_precos_e_i mpostos_factsheet.pdf>. Acesso em: 16.ago.2018.

No gráfico acima, consta o índice do preço real do cigarro (azul), o consumo total oficialmente indicado(amarelo) e o consumo total alegado pela indústria[311] (vermelho). Constata-se que antes do acordo firmado pela OMS e pelas legislações, que tinham a função extrafiscal, já havia um crescente nos preços 10 anos antes, portanto essas legislações não introduziram um aumento relevante no preço. Na década de 90, o consumo reduziu em movimento semelhante à elevação do preço. E não se observa reflexo significativo no consumo, após o ano de 2007, em que houve elevação vertiginosa no preço dos cigarros.

Já o levantamento representado pelo quadro 02[312], referente ao período de 2006 a 20016, período de 10 anos, em que houve uma redução de fumantes no Brasil, passando de 15,7% em 2006, para 10,2% em 2016, equivalendo a 35% dos fumantes existentes:

---

[311] A divergência entre o dado oficial e o alegado pela indústria está baseado no produto contrabandeado, o qual a indústria contabiliza. Pois, após a elevação real dos preços após 1990, "verificou-se também, no mercado doméstico brasileiro, um aumento no consumo ilegal de cigarros. o consumo ilegal de cigarro no Brasil, em 1992, representava apenas 4,74% do consumo total, enquanto, em 1998, chegou a representar 37,42%." NASCIMENTO, 2012. Op. cit., p. 75. Por esse motivo irá haver um percentual que passará a consumir produtos contrabandeados, pois são isentos de tributos, como ocorreu no caso do "exportabando", indicado na nota de rodapé 152, ou com os cigarros paraguaios.

[312] Quadro 02. Em 10 anos, redução de 35% na prevalência de fumantes no Brasil, passando de 15,7% (2006) para 10,2% (2016). Resultados tabagismo 2016. **Associação Contra o Tabagismo Brasileira**. 2016. Disponível em: <http://actbr.org.br/uploads/arquivo/1171_Lancamento-resultados-tabagismo-2016.pdf>. Acesso em: 16.ago.2018.

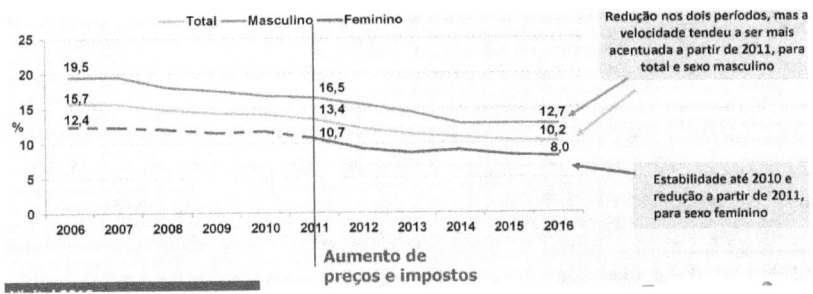

Quadro 02 Fonte: Associação Contra o Tabagismo brasileira (ACT BR)

Percentual semelhante foi percebido por pesquisa realizada em 20 países, incluindo o Brasil, estudo coordenado pela Universidade de Waterloo (Canadá),[313] na qual constatou entre 2006 e 2013 uma redução média de 32% no consumo do cigarro e seus derivados, sendo que nesse período, a taxação subiu 116% por maço.

Apesar da redução do consumo no lapso temporal em que houve o aumento dos preços, fomentado pela função extrafiscal do tributo, é necessário indicar se há nexo de causalidade. Para isso, se apresentam análises acerca da elevação tributária e fatores paralelos que atuam de forma concorrente ao preço.

Iniciando com a análise dos preços, vislumbra-se a ocorrência do preço médio do cigarro entre 1998 e 2001, reduziu em 28%, não havendo recuperação significativa na próxima década. Sendo que nos primeiros oito anos da implementação da tributação extrafiscal o (IPI cigarros), período de junho de 1999 até junho de 2001, a tributação foi implantada abaixo da inflação do período, dessa forma, não afetou a lucratividade da empresa, que permitiu reajustar os preços abaixo da inflação e não reduziu a capacidade de compra do produto, pois houve uma perda real de impostos e uma queda do preço real do cigarro.[314]

[313] GOULART, Frederico. **Impostos altos levam a redução de consumo de cigarro no Brasil.** O Globo. 30.maio.2014. Disponível em:<https://oglobo.globo.com/sociedade/saude/impostos-altos-levam-reducao-de-consumo-de-cigarro-no-brasil-12661552>. Acesso em: 27.jul.2018.

Sendo que toda a redução do número de fumantes e do número de cigarros não pode estar vinculada ao tributo.

Mesmo considerando a possibilidade de que o tributo tivesse algum impacto, estudos realizados nos Estados Unidos da América, demonstram que os consumidores de baixo nível socioeconômico, gastam uma parcela maior de sua renda para consumir o cigarro de sua preferência, do que os mais ricos, pois quando da incidência do tributo, os cigarros de qualidade A são trocados por de qualidade B ou C, enquanto as pessoas de menor poder econômico já consumiam um produto de qualidade E ou F e não estão dispostas a reduzir a qualidade ainda mais, o que torna o tributo sobre o cigarro regressivo, por reduzir a renda dos mais pobres.[315]

Concomitantemente à implementação do tributo como meio de reduzir o consumo de cigarros, a convenção quatro da ONS determinou a implantação de medidas de publicidade para interferir, sendo essas medidas destinadas: (1) restringir à propaganda (incluindo o merchandising e patrocínio de eventos) e à exposição de derivados de tabaco em locais públicos e privados; (2) criar campanhas educacionais e conscientizar a população acerca dos malefícios gerados e (3) realizar e fomentar programas para diagnóstico das doenças e reabilitação de fumantes.[316]

Nesse aspecto, a maioria das legislações mundiais se assemelham, pois exigem que a embalagem traga a mensagem de que o produto faz mal a saúde e imagem dos males causados, normalmente apresentando as mais horríveis imagens, sendo que a legislação da Diretiva de Produtos de Tabaco, em seu artigo 10 (1) (c) estabelece, no mínimo, 65% da superfície das embalagens estejam cobertas com avisos dos malefícios que o cigarro causa, exemplo no brasileiro é a Lei n° 9.294/1996 e a Instrução Normativa n° 21/98 da Secretaria da Receita Federal

[314] IGLESIAS, Roberto. **Análise da situação atual em matéria de preço e impostos do cigarro**. ACT BR. 2008. Disponível em: <http://blog.actbr.org.br/noticias/precos-e-impostos-sobre-cigarros/81>. Acesso em: 25.jul.2018. p. 2, 11-12 e 14.
[315] NASCIMENTO, 2012. Op. cit., p. 30.
[316] Ibidem., p. 44.

determinou que fossem instituídas embalagens de no máximo 20 unidade.[317] Ou ao proibir a indicação do nível de alcatrão, nicotina e produção de monóxido de carbono (comumente referido como TNCO).[318] Para que as pessoas tenham a ideia de que todos os cigarros são igualmente perigosos, não existindo o cigarro menos danos ou light.[319]

Mas essa advertência deve ser constantemente alterada e inovada sua forma de apresentação, pois estudos[320] realizados com fumantes declarados "sociais", aplicava um questionário que continha as seguintes perguntas para as pessoas: (1)"Você é afetada pelas advertências nos maços de cigarro?", reposta comum "Sim", enquanto respondiam as pessoas estavam girando a caneta entre os dedos como se estivesse prestes a acendê-la; (2)"Você está fumando menos por causa dessas advertências?" reposta comum "Sim" e a caneta foi girada entre seus dedos. Posteriormente, o questionário foi repetido em um aparelho de IRMF e as imagens da atividade cerebral analisadas. O resultado da análise foi que as imagens de advertências que já eram conhecidas acionaram o gatilho para que as pessoas fumem, ativando o *nucleus accumbens*, encorajando as pessoas a fumarem. Por esse motivo que as imagens têm que constantemente serem alteradas.

Outra diretriz da convenção quatro da ONS, que influenciou a redução do consumo, foi a proibição de derivados de cigarros para pessoas menores de 18 anos, pois em pesquisa divulgada pelo FDA (U.S. Food and Drug Administration) em

---

[317] ALEMANNO, 2015. Op. cit., p. 249.
[318] Ibidem., p. 237.
[319] Uma crítica que deve ser realizada quanto a proibição de indicar o nível de produtos gerou a impossibilidade das pessoas de buscarem um produto menos danoso, que é um desincentivo para a indústria, pois não é desejável fabricar produtos menos danosos, pois será tratado e passará a mesma imagem que os outros produtos. Além de mascarar a pioras, como a pratica tomada por "Philip Morris contra a proibição do fumo nos locais de trabalho é o Marlboro Intense, um cigarro menor, com alto teor de alcatrão — vale por sete tragadas — e que pode ser consumido em escapadelas entre reuniões, telefonemas e apresentações em PowerPoint." LINDSTROM, 2009. Op. cit., p. 19.
[320] Ibidem., p. 21 e 22.

1996,[321] realizada com fumantes norte-americanos, entre 30 e 39 anos, constatou que 82% experimentaram pela primeira vez o cigarro com menos de 18 anos e 53%afirmaram que tornaram-se fumantes diários na adolescência. Influência que provavelmente parte foi adquirida após o consumo de cigarros ser veiculado em filmes com atores famosos.[322] Como no filme "A Malvada", de 1950, a atriz Bette Davis aparece em cena, fumando oito cigarros no decorrer das duas horas do filme,[323] o cigarro tinha um papel fundamental nesses filmes. Havia todo um charme envolvendo o cigarro que transmitia ao mesmo tempo transgressão e charme, como quando uma moça, retirava o cigarro das mãos de um jovem, era sinal de maturidade nos filmes. Influência que não é mais visível nos filmes populares atuais. Criando atualmente uma imagem negativa com quem fuma.

Por grande parte do hábito de fumar ter início na adolescência é que a ONS determinou a proibição, sendo que 76% dos países signatários da convenção, quatro indicaram possuir legislação que proibia a venda e publicidade destinada para menores de idade.[324] Como a Lei n°10.702 que proibiu completamente a venda para menores de 18 anos e vedou a comercialização de cigarros e outros derivados de tabaco em estabelecimentos de ensino, de saúde e em órgãos ou entidades da administração pública. Medida que provavelmente foi um dos principais motivos para a redução do consumo.

Uma demonstração da importância das medidas que não estão relacionadas com o preço, está na análise do questionário quinquenal (ou bianual) realizado pela ONS, com os países consignados à convenção quatro, na qual 67% indicam possuir algum tipo de tributação sobre o consumo ou produção de cigarros.[325] Enquanto 85% adotam algum tipo de medida

---

[321] NASCIMENTO, 2012. Op. cit., p. 39 e 40.
[322] LINDSTROM, 2009. Op. cit., p. 65.
[323] PRATA, Rafael. **O Glamour da fumaça: o cigarro no cinema hollywoodiano**. s.l. Disponível em: <http://cinemadahistoria.blogspot.com/2013/02/o-glamour-da-fumaca-o-cigarro-no-cinema.html>. Acesso em: 28.ago.2018.
[324] NASCIMENTO, 2012. Op. cit., p. 40.
[325] Ibidem., p. 42.

restritiva ao consumo de cigarro em locais privados de trabalho e 81% realizaram alguma medida de advertência em embalagens sobre os problemas causados pelo consumo de cigarro.[326]

Dessa forma, com a constatação de que na primeira década de aplicação do tributo extrafiscal brasileiro não houve interferência real no preço, mas houve redução no consumo. Declínio se manteve constante, mesmo após vertiginosa alta dos tributos após 2007. Desde o início, houve a aplicação de medidas não tributárias, como a proibição de comercialização para menores de 18 anos, a proibição de propagandas ou práticas de marketing, como atores fumando em filmes e novelas, a conscientização dos malefícios e sabendo da importância dessas medidas possuem para o consumo do cigarro. Há uma tendência a estabelecer o tributo como meio totalmente inviável para a alteração da quantidade de produtos derivados do tabaco, que é representado pelo cigarro. Tal afirmativa não pode ser conclusiva, pois faltam estudos complementares, mas a afirmação possível é que a redução do consumo foi atingida atualmente pelas medidas não relacionadas ao preço.

4.2 ÁLCOOL

A bebida alcoólica é constantemente indicada como item que deve ter o consumo alterado, sendo o tributo o principal meio de reduzir o consumo de bebidas alcoólicas, como indicado pela reportagem do Correios do Povo[327], cujo título da reportagem é "Especialistas defendem elevação de tributo para conter consumo de álcool: Bebidas alcoólicas são consumidas por 49,8% dos brasileiros" e indica que o aumento artificial do preço é uma alternativa para conter o consumo da cerveja no

---

[326] Ibidem., p. 44 e 45.
[327] **Especialistas defendem elevação de tributo para conter consumo de álcool**: Bebidas alcoólicas são consumidas por 49,8% dos brasileiros. Correio do Povo. 28.dez.2015. Disponível em: <http://correiodopovo.com.br/Noticias/550172/Especialistas-defendem-elevacao-de-tributo-para-conter-consumo-de-alcool>. Acesso em: 24.jul.2018.

Brasil. Tendência mundial, apesar dos imposto sobre o consumo seja mais baixo em países produtores e mais alto nos países nórdicos, Irlanda e Reino Unido. Na América do Norte, após a falha na tentativa de proibir o consumo em Chicago, havendo um declínio gradual no controle do álcool na maioria das jurisdições, sendo que de forma geral as tributações sobre o álcool não aumentaram ao ponto de superar a inflação.[328]

A fabricação de cerveja (malte e chope incluídos) sofreu um aumento na tributação de R$ 2,32 bilhões em 2003 para R$ 4,06 bilhões em 2012, elevação de 82%. Sendo os últimos três anos o momento em que grande parte desse aumento foi aplicado, sendo que a produção no período de 2010 a 2012 cresceu 6,79% enquanto o tributo cresceu 47,5%.[329] Esse aumento teve como finalidade declarada pela receita federal como reajuste das alíquotas que estavam estagnadas.[330] No Brasil não há movimentos fortes buscando a redução do consumo de bebidas alcoólicas, pois a bebida possui grande aceitação popular, o que normalmente é realizado é o combate aos danos causados no consumo do álcool, conforme indicado durante a segunda mesa de debates, sobre redução de danos no consumo de álcool, no fórum "Mudança de Hábitos e Redução de Danos à Saúde",[331] como o aumento das penas para quem dirige sobre o efeito de álcool e o fomento para auxiliar quem

---

[328] BABOR, Thomas. Álcool: bem de consumo sui generis. resumo do livro: alcohol & public policy group. IN: **Revista toxicodependências**. Rio de Janeiro: ed. Idt. v. 15, n° 1, 2009, p. 84.
[329] BECK, Marcio. **Com produção estável, arrecadação de impostos sobre cerveja sobe quase 50% em três anos**. O Globo. 25.jul.2013. Disponível em: <https://oglobo.globo.com/economia/com-producao-estavel-arrecadacao-de-impostos-sobre-cerveja-sobe-quase-50-em-tres-anos-9164474> Acesso em: 24.nov.2017.
[330] **Receita reajusta imposto para bebidas alcoólicas em 30%**. Revista época. 07.ago.2008. Disponível em: <http://revistaepoca.globo.com/Revista/Epoca/0,,EMI9946-15261,00-RECEITA+REAJUSTA+IMPOSTO+PARA+BEBIDAS+ALCOOLICAS+EM.html>. Acesso em: 25.ago.2018.
[331] NEIVA, Leonardo. **Estratégia de redução de danos no consumo de álcool deve ser individual**. Folha de São Paulo. 23.ago.2017. Disponível em: < https://www1.folha.uol.com.br/seminariosfolha/2017/08/1912314-estrategia-de-reducao-de-danos-no-consumo-de-alcool-deve-ser-individual.shtml>. Acesso em: 25.ago.2018.

deseja parar de beber, a não interferência no consumo diretamente é visível ao ponto de que a principal propaganda do grupo Alcóolicos Anônimos, por anos foi "se você quer beber, o problema é seu, se quer parar de beber, o problema é nosso". Portanto, os tributos no Brasil sobre as bebidas alcoólicas são elevados, pois a carga tributária brasileira geralmente é alta, não havendo uma função extrafiscal explícita, apesar de poder estar envolvida de preconceito.

O álcool se caracteriza como um dos bens diferenciados, pois ele é inelástico, facilmente substituído e pode se apresentar como um bem Vablen ou de ostentação. Um exemplo, que pode ser utilizado é um fenômeno que ocorreu quando desse grande aumento da tributação no Brasil, quando as bebidas destiladas cresceram suas vendas, na quantia de 30% do uísque, 12% da vodca, sendo, esse aumento fomentado pelas marcas "premium", que são mais caras. A vodca que custava R$ 50 ou mais, teve alta de 43% nas vendas. O uísque com garrafas acima de R$ 90, subiu 49% e 115%, esse aumento ocorreu, pois "Quando o consumidor recebe amigos em casa, por exemplo, quer compartilhar uma marca premium. A bebida é sinônimo de status".[332]

Ocorrendo a substituição como no caso na Inglaterra, em 1929, quando tentou combater o hábito de consumir bebidas alcoólicas, sendo a principal que era consumida, o gin, que foi tributado ao ponto de encarecer, tributou-se o gin, sujeitando os destiladores à fiscalização, cobrando licença anual de qualquer varejista, ação que se limitou ao gin, pois os preços das outras bebidas, já eram caros e inacessíveis para a classe baixa. Essa ação, mudou o consumo para uma bebida de baixa qualidade denominada de Parlament Brandy, que era um derivado de uma bebida estrangeira, dessa forma essa lei foi revogada em 1733, mas em 1736 elencando um número grande de variedades de bebidas, o que não surtiu efeito, pois os nomes das bebidas eram

---

[332] FREITAS, Tatiana. **Crescimento da renda faz crescer a procura por bebidas destiladas**. Folha de São Paulo. 14.set.2014. Disponível em: <http://gazetaweb.globo.com/gazetadealagoas/noticia.php?c=252377> acesso em 14.nov.2017.

modificados e inclusive eram vendidas com rótulo de remédios.[333] A capacidade de ser substituído torna a tributação muito difícil.

Um estudo apresenta as motivações no consumo de bebidas alcoólicas, pesquisa realizada com adolescentes, como sendo: a influência de amigos, apontado pela grande parte dos pesquisados; a curiosidade; a influência familiar; pelo ato de brindar e ingestão por engano, mediante a troca de copos. Sendo a finalidade do consumo de bebidas alcoólicas indicada que bebem para se divertir, para acompanhar os amigos, por curiosidade, por gosto ou sem finalidade.[334]

Em segundo estudo realizado com adolescentes participantes do projeto Tribos Urbanas da Prefeitura de Belém-PA, um dos entrevistados apontou que "Outra questão para a gente beber é a influência dos amigos, pois para ficar perto dos moleques lá tinha que beber, porque senão era careta, era mocinha, essas frescuras de macho (E2)"[335].

Portanto, fica demonstrado a necessidade de enquadramento do adolescente a seus grupos sociais, que exigem padrões de comportamento, que buscam estabelecer amizade e se enquadrar como integrante do grupo social, sendo a bebida alcoólica entendida como meio facilitador da interação e um fator motivacional importante. Além da busca pelas novas sensações, que o álcool pode ofertar. Sendo as "expectativas em relação aos efeitos do álcool, exercem influências importantes no início e manutenção do uso de álcool e na emissão de comportamentos relacionados a este uso."[336]

---

[333] SCHOUERI, Op. cit., p. 111 e 112.
[334] NEVES, Keila do Carmo Neves; TEXEIRA, Maria Luiza de Oliveira; FERREIRA, Márcia de Assunção. Fatores e motivação para o consumo de bebidas alcoólicas na adolescência. In: **Escola Anna Nery Revista de Enfermagem.** n 19(2) Abr-Jun 2015. Disponível em <http://www.scielo.br/pdf/ean/v19n2/1414-8145-ean-19-02-0286.pdf>. Acesso em 13.nov.2017, p. 288.
[335] SILVA, S. É. D.; PADILHA, M. I. **O alcoolismo na história de vida de adolescentes:** uma análise à luz das representações sociais. Texto Contexto Enferm, v. 22, n. 3, p. 576-84, 2013, p. 580.
[336] NEVES, 2015, Op. cit., p. 290.

Como observado, o consumo do álcool é motivado pelo grupo social, como o reconhecimento de sua masculinidade e forma de interação e quanto aos motivos pessoais há o gosto pessoal e a busca pela experiência entorpecente.

Essa relação do jovem para com a bebida alcoólica se reflete na pesquisa apresentada e desenvolvida pelo Instituto Brasileiro de Geografia e Estatísticas (IBGE) que identificou haver um aumento do consumo de álcool pelos jovens:

> Dos cerca de 2,6 milhões de estudantes que cursavam o 9º ano do ensino fundamental em 2015, 55,5% (1,5 milhão) já havia consumido uma dose de bebida alcoólica alguma vez, percentual superior ao observado em 2012 (50,3% ou 1,6 milhão). A proporção dos que já experimentaram drogas ilícitas subiu de 7,3% (230,2 mil) para 9,0% (236,8 mil) no mesmo período. Em relação ao consumo atual de álcool e drogas ilícitas, respectivamente, 23,8% (626,1 mil) e 4,2% (110,5 mil) dos estudantes tinham feito uso dessas substâncias nos últimos 30 dias antes da pesquisa. [337]

Já a segunda pesquisa[338] apresenta que o número de brasileiros que frequentemente consomem bebida alcoólica, elevou de 45% para 54%, o que representa um aumento de 20% nos últimos seis anos, dados que são da segunda edição do Levantamento Nacional de Álcool e Drogas (Lenad) e divulgados pela Universidade Paulista de Medicina (Unifesp). Demonstrando a grande correlação de afeto que a população tem com as bebidas alcoólicas, indicando que para reduzir o seu consumo é necessário realizar diversas medidas.

---

[337] BRASIL, IBGE. **PeNSE 2015**: 55,5% dos estudantes já consumiram bebida alcoólica e 9,0% experimentaram drogas ilícitas. 26.ago.2016. Disponível em: <https://agenciadenoticias.ibge.gov.br/agencia-sala-de-imprensa/2013-agencia-de-noticias/releases/9501-pense-2015-55-5-dos-studantes-ja-consumiram-bebida-alcoolica-e-9-0-experimentaram-drogas-ilicitas.html>, acesso em 12.nov.2017.
[338] YARAK, Aretha. **Consumo frequente de álcool cresceu 20% nos últimos seis anos**. Revista Veja. 10.abr.2013. Disponível em: <http://veja.abril.com.br/saude/consumo-frequente-de-alcool-cresceu-20-nos-ultimos-seis-anos/>. Acesso em 12.nov.2017.

Tentativa de redução do consumo de bebidas alcoólicas que é buscada pelos países nórdicos, representada pela Escócia, e estudos de implantação no principado da Astúrias, comunidade autônoma e província da Espanha. Na Escócia foi estabelecida legislação em 2012, a qual estabelece preço mínimo para una "botella de vino no podrá costar nunca menos de 5,70 euros, ni se pagará por una botella de whisky menos de 15,90 euros"[339], apesar da carga tributária ser muito menor do que a aplicada aos produtos derivados de tabaco. Mas o controle de preços não é realizado isoladamente, existem proibições para menores de 18 anos e mulheres grávidas, além da obrigação de distância mínima entre estabelecimentos, para que não haja locais de concentração de bares, o que induziria o consumo, já na Islândia foi adotada uma medida muito mais séria, que é o toque de recolher.[340]

Havendo o apontamento de outras medidas mais eficazes, como a promoção de bebidas de baixo teor alcóolico (e.g. cerveja), estratégia que busca reduzir o teor absoluto de álcool consumido, as intoxicações e demais males. Também foi adotado voluntariamente em vários locais como na Austrália e na Alemanha, um código de conduta, que busca limitar os vários riscos possíveis provocados pela grande ingestão de álcool, uma dessa ações é os garçons suspenderem o serviço para as pessoas que já demonstram efeitos de embriaguês.[341]

Dessa forma, tende a demonstrar a inviabilidade da redução do consumo de bebidas alcoólicas, por meio da elevação dos preços. Pois se trata de um bem que é facilmente substituído, se for caro se transforma em um bem de ostentação e culturalmente seu consumo é fomentado.

---

[339] CAMPO, Pilar. **¿Reduciría el consumo de alcohol una subida del precio de la bebida?** 07.ago.2018 Disponível em: <https://www.lavozdeasturias.es/noticia/asturias/2018/05/06/reduciria-consumo-alcohol-subiera-precio-bebida/00031525626672140549953.htm>. Acesso em: 14.ago.2018.
[340] Ibidem., online.
[341] BABOR, 2009. Op. cit., p. 81.

4.3 *FAT TAX*

Outro produto combatido pela Organização Mundial de Saúde e configurado como DNT são os alimentos que promovem a obesidade e diabete, sendo combatidos alimentos ricos em carboidratos, sal, proteínas, açúcares e/ou gorduras saturadas. Sendo que esse combate possui como motivação o exemplo de 27% dos britânicos serem obesos e o Serviço Nacional de Saúde (NHS), informa a obesidade gerar o custo ao sistema público em média 16 bilhões de libras esterlinas por ano, sendo essa uma realidade moderna quase global.[342]

Um dos principais causadores dessa mudança foi o aumento tecnológico dos últimos anos, não só pela sedentarização das atividades realizadas, mas igualmente pela inovação agrícola que conduziu a uma redução dos preços de alguns alimentos, que assim passaram a ser consumidos em doses maiores.[343] Além de ser um hábito ancestral de trinta mil anos atrás, quando alimentos ricos em gordura e açúcares eram raros, e quando encontrados deveriam ser comidos na mais rápida e maior quantidade possível, pois dificilmente seriam disponibilizados novamente, mesmo nos dias de geladeiras cheias e entregue em casa essa ancestralidade se faz presente.[344]

Seguindo uma das orientações da ONS para modificar o consumo, a mortificação dos preços por meio da elevação do custo tributário, O conceito de *fat tax* foi desenvolvido por Kelly Brownell, estudava obesidade na Universidade de Yale e identificou no início dos anos 90, os baixos preços dos

---

[342] MARTINS, Américo. **Imposto sobre açúcar em refrigerantes já é um sucesso no Reino Unido.** 10.abr.2018 Disponível em: <http://www.novastecnologiass.com/imposto-sobre-acucar-em-refrigerantes-ja-e-um-sucesso-no-reino-unido-10-04-2018-americo-martins/>. Acesso em: 10.set.2018.
[343] SANTOS, Marta Costa; CORDEIRO, Francisca Robalo. **A introdução das fat taxes em portugal**: Algumas Considerações Estudos 1, Coimbra: Cedipre, 2016. Disponível em: <http://www.cedipre.fd.uc.pt/observatorio>. Acesso em: 05.maio.2018, p. 07.
[344] HARARI, Yuval Noah. **Sapiens**: uma breve história da humanidade. Tradução: Janaína Marcoantonio. São Paulo: L&PM, 2018. P. 44 e 45.

alimentos com alto índice de gordura e baixo valor nutritivo, ele propôs a criação de um tributo sobre esse tipo de comida com o intuito de torná-la mais cara. [345] Ideia que recentemente ganhou força e possui mais adeptos, em 06 de abril de 2016, o Reino Unido estabeleceu legislação com efeito após dois anos para elevar a carga tributária de bebidas açucaradas.[346] Nesse caso, ainda não foi possível observar modificações no consumo, mas várias empresas de bebidas modificaram suas fórmulas para reduzir a carga tributária "empresa que produz o Lucozade, por exemplo, cortou a taxa de açúcar em sua fórmula de 13 gramas por 100 ml para 4,5 gramas por 100 ml."[347] Assim como a Fanta e a Sprite, mas a Coca-Cola e a Pepsi não modificaram suas receitas.

Mas, o primeiro caso relevante foi nos Estados Unidos acerca do óleo margarina, produto da época de Napoleão III, que foi desenvolvido como alimento em tempo de escassez causada pela guerra. Ele era bastante similar à manteiga e com um custo muito menor, o que fez ganhar mercado. Com a criação da National Association for Prevention of Adulteration of Butter, organizada em 1882 e substituída pela National Daily Union, em 1894, tudo na busca de limitar o consumo desse óleo. Em 2 de agosto de 1886, durante o mandato do Presidente Grover Cleveland, foi estabelecida a lei que criava um imposto sobre óleo margarina. Nela, os produtores deveriam obter uma licença anual e afixando um selo cm cada produto, ao custo de dois centavos por onça do produto, exceto quando para exportação. Após três anos, o número de indústrias de óleo margarina caiu de 32 para 21. Casos semelhantes receberam o mesmo tratamento, como a gordura vegetal, a farinha de trigo adulterada e o óleo de semente de algodão impuro. Em todos os casos, buscou-se o tributo para modificar o consumo, ressalta-se que nesses casos a busca era o protecionismo das indústrias já firmadas de produtos similares.

Na segunda metade do século XIX, desenvolveu-se um processo pelo qual se adicionava à gordura de porco óleo de

---

[345] SANTOS, 2016. Op. cit., p. 10.
[346] MARTINS, 2018. Op. cit., online.
[347] Ibidem., online.

semente de algodão, reduzindo seu custo. Entretanto, muitos fabricantes não mencionavam que o produto não era puro, manchando a reputação no exterior, da banha de origem norte-americana. Daí porque os fabricantes de banha pura, com base no sucesso do imposto sobre óleo margarina, lutaram por uma lei que tributasse o produto composto. A ideia era a de que, submetendo-se o produto ao imposto, poder-se-ia exigir que ele fosse etiquetado como produto composto, servindo de alerta aos consumidores, além de proteger os fabricantes de banha pura contra a competição desleal por parte da imitação. O referido projeto de lei (Conger Bill) foi rejeitado pelo Congresso. Com idêntica inspiração houve a ideia de se identificar, por meio da tributação, a farinha de trigo adulterada, cujo projeto de lei, ao fixar um pequeno imposto sobre o produto, revelava que a intenção era identificar a farinha misturada. Esta lei entrou vigor cm 1898, permanecendo em vigor até 1942, quando já não mais era útil, dado o desaparecimento da prática de misturar farinha[348]

Outro exemplo ocorreu na Califórnia que criou um tributo sobre *snack food* em 1991 e, em 1992, foi ampliado para os refrigerantes, não havendo estudos que analisassem os resultados. Um exemplo mais propagado é o da Dinamarca, no dia 01.09.2011, estabeleceu tributo sobre alimentos ricos em gorduras saturadas (excise duty), ele incidia sobre carne, leite, gordura animal, óleos, margarina, manteiga, sendo como ingredientes ou produto final; a alíquota correspondia a 16 DKK por cada Kg de gordura saturada (isentando os leites e iogurtes com um limite de 2,3% de gordura saturada) e que apresentassem um volume de comercialização superior a 50.000 DKK. Sendo abolido em janeiro de 2013.[349] Houve pequenas modificações benéficas nos hábitos, como a utilização de azeite pelo óleo e gordura animal, mas em regra, parcela das pessoas buscaram o mercado negro ou compras transfronteiriças e/ou mudanças para alimentos de pior qualidade e maior teor de sal. Quando do debate para extinguir o tributo, o argumento da saúde não teve peso, apenas questões econômicas e de perda de

[348] SCHOUERI, 2005. Op. cit., p.118 e 119.
[349] SANTOS, 2016. Op. cit., p. 17-19.

receita, o que demonstra algum problema no argumento de promoção da saúde.[350]

No México, em 2013, se tornou o país com maior proporção de obesos, possuindo números aproximados de 70% dos adultos e 33 % das crianças, incluindo 10% dos menores de 05 anos de idade. Alega-se que o motivo é por o México ser o maior consumidor de refrigerantes do mundo, com um consumo per capita de 163 litros por habitante/ano. O que resultaria no percentual de 15% dos maiores de 20 anos sofrem de diabete tipo 2. A *ley del impuesto especial sobre producción y servidos* incidem com valor fixo sobre as bebidas açucaradas de 1 dólar por litro para os demais alimentos, há uma progressividade de aplicação nas alíquotas de acordo com o nível calórico do alimento. Contudo foi constatado um pequeno resultado, pois a redução foi inferior a 10% redução que já existia antes do tributo e é atribuída a uma conscientização oriunda dos debates realizados ou de outro fator externo.[351]

Na França, em 2012, foi implantado tributo sobre bebidas com adição de açúcar e com adoçantes artificiais, com alíquota de 7,45€/hectolitro e 1€/litro, respectivamente, e é pago pelos produtores e importadores destes produtos.[352] Mas a dúvida acerca da real intenção do tributo, pois a sua destinação que é para subsidiar a agricultura, ganhou muita relevância, por exemplo, o membro do parlamento francês, Gilles Carrez disse que esse projeto irá trazer eventual benefício para a saúde das crianças, livrando-as do açúcar e trará benefício para a força de trabalho de nossa agricultura.[353] Trazendo mais relevância ao aumento da arrecadação.

[350] VALLGARDA Smed.; HOLM L.; JENSEN JD. **The Danish tax on saturated fat**: why it did not survive. Dinamarca: University of Copenhagen, 2014. Disponível em: <https://www.nature.com/articles/ejcn2014224#rightslink>. Acesso em: 16.ago.2018, p. 224 e 225.
[351] CALIENDO, Paulo; COSTA-SILVA, Bruno. Direito à saúde, alimentação saudável e extrafiscalidade. **Revista de Direito do Consumidor**. São Paulo: Revista Dos Tribunais, v.25 n.108. p. 191 a 210. 2018, p. 198-200.
[352] SANTOS, 2016. Op. cit., p. 20.
[353] SPARKS, Jan. **France to impose fat tax on sugary drinks such as Coca-Cola and Fanta**. Mail Online News. França: 06.jun.2011. Disponível

Em Portugal, a Direção Geral da Saúde apresentou relatório informando que em 2014 1 milhão de adultos em Portugal são obesos e 3,5 milhões são pré-obesos, cerca de 15% das crianças entre os 6 e os 9 anos são obesas e mais de 35% sofrem de excesso de peso e os adolescentes com mais de 15 anos, registra-se que 31% dos rapazes e 18% das moças têm excesso de peso.[354]

A publicação desses dados provocou o discurso para a adoção do fat tax e em 2014 a Ministra das Finanças, Maria Luís Albuquerque, afirmou que estabelece apoio a essa tributação, pois poderia utilizá-la para cobrir o rombo fiscal, estabelecendo o ganho de 100 milhões de euros ao ano[355], pois "poderão ser equacionados com tributos adicionais do lado da receita, designadamente na indústria farmacêutica, ou de tributação sobre produtos que têm efeitos nocivos para a saúde".[356] Ficando visível o interesse fiscal para com o aumento do tributo.

Esse fato gerou uma série de críticas, o que fomentou Portugal a requerer pesquisa de análise de viabilidade e eficiência do tributo para artificialmente alterar o preço dos alimentos maléficos à saúde e modificar o seu consumo, estudo encomendado pela Direção-Geral das Empresas e da Indústria da Comissão Europeia a um consórcio europeu liderado pela consultora Ecorys, fazendo uma análise dos países europeus em que esse tributo já foi aplicado (Dinamarca, Finlândia, França e Hungria). Sendo que nesse estudo, se extrai informações importantes, a iniciar com o levantamento de dados de repasse

em: < https://www.dailymail.co.uk/news/article-2045980/France-impose-fat-tax-sugary-drinks-Coca-Cola-Fanta.html?br=ro&=&>. Acesso em: 15.ago.2018.

[354] SANTOS, 2016. Op. cit., p. 06.

[355] **Taxas sobre produtos com alto teor de sal e açúcar afectam consumo e PME.** Observatório dos Mercados Agrícolas e das Importações Agro-Alimentares. Portugal: 2014. Disponível em: <http://www.observatorioagricola.pt/noticia.asp?id_noticias=2014>. Acesso em: 15.ago.2018.

[356] VILLALOBOS, Luís. Governo quer nova taxa em produtos com alto teor de açúcar ou de sal. **Público.** Portugal: 16.abr.2014. Disponível em: <https://www.publico.pt/2014/04/16/economia/noticia/governo-quer-taxar-produtos-como-os-que-contem-alto-teor-de-acucar-e-de-sal-1632421>. Acesso em: 15.ago.2018.

da elevação do tributo para o preço, observável na tabela 01 a seguir:[357]

Expected price change, actual price change and manufacturer/retailer margins

Country - Product taxed	Expected price change due to tax change	Actual change in prices following the tax change	Margins
DK - butter		2012: +13.1%, 2013: 9.5%	
DK - margarine		2012: +12.1%, 2013: -8.3%	
DK - cooking oils	Calculation not possible	2012: +17.7%, 2013: -11.2%	R = M =
DK - olive oil		2012: +4.3%, 2013: -0.3%	
DK - vegetable oil		2012: +9.3%, 2013: -6.4%	
DK - cola		When taxes increased, or decreased, prices respectively increase or decrease.	Rf M ?
DK - juices	Calculation not possible	No changes visible from the trend in pricing behaviour in years of tax change.	

[357] **Food taxes and their impact on competitiveness in the agri-food sector.** ECORYS Nederland BV. Rotterdam. 14.jul.2014. Disponível em: <https://www.ecorys.com/news/food-taxes-reduce-consumption-products-high-sugar-salt-and-fat>. Acesso em:10.jul.2018. p. 25 e 26.

DK - confectionery	2010: +0.4%, 2012: +0.6%, 2013: +0.3%	2010: +8.4%, 2012: +7.6%, 2013: +2.0%	R = M =
DK - chocolate	2010: +0.3%, 2012: +0.6%, 2013: +0.3%	2010: +0.6%, 2012: +4.4%, 2013: +1.7%	R = M =
FI - confectionery	2011: +6.1%, 2013: +1.3%	2011: +14.8%, 2012: +6.0%, 2013: +2.9%	R = M	
FI - ice cream	2011: +14.7%, 2013: +3.2%	2011:+15.7%, 2012:+4.9%, 2013:+2.9%	R = M ?
FI - soft drinks	2011: +1.5%, 2013: +0.9%	2011: +7.3%, 2012: +7.3%, 2013: +2.7%	R f M f
FR - regular cola	2012: +4.5%	2012: +5.0%, 2013: +3.1%	Rf M =
FR - low calorie cola	2012: +4.7%	2012: +6.0%, 2013: +4.6%	Rf M =
FR - juices (1-99%)	2012: + 6.2%	2012: +5.3%, 2013: +3.9%	R ? M ?
HU - confectionery	2011 and 2012: +5.4%	2011: +3.5%, 2012: +6.4%, 2013: +3.9%	R = M =
HU - chocolate	2011 and 2012: +4.9%	2011: +3.1%, 2012: +7.5%, 2013: +6.3%	R = M =
HU - cola	2011 and 2012: +3.1%	2011: +3.4%, 2012: +1.2%, 2013: +0.7%	Rf M f
HU - juice <25% fruit	2011 and 2012: +2.7%	2011: +0.1%, 2012: +0.6%, 2013: +1.3%	Rf M f

| HU - energy drinks | 2011 and 2012: +37.5% | 2011: -0.7%, 2012: +1.0%, 2013: - 1.9% | Ri M f |
| HU - salty snacks | 2011 and 2012: +18.1% | 2011: +6.3%, 2012: +5.4% 2013: +3.3% | R = M ? |

Tabela 01[358] Fonte:Ecorys

Em análise dos dados oferecidos identifica-se que na maioria dos casos o tributo foi repassado, mas poucas vezes no mesmo percentual, como observável no caso da Dinamarca, em que o óleo de cozinha repassou o maior aumento, chegando a 17,7%, já o azeite de oliva apresentou redução no preço, níveis que não estão relacionados com o tributo, podendo ser causados pela variação na matéria prima.[359]

Outro fenômeno observável, que vale ressaltar, ocorreu na França sobre os refrigerantes açucarados e não açucarados, neste caso o tributo, teve o lapso temporal de dois anos para poder repassar o tributo para o consumidor, demonstrando que o efeito tributário nos preços não possui efeito imediato. Além de que, produtos que seriam benéficos tiveram maior alta, como ocorreu em 2012 a 2013, período em que ocorreu o mesmo fenômeno visualizado na Dinamarca, que o refrigerante de cola normal teve um aumento de 8,1%, enquanto o refrigerante de cola de baixa caloria teve o preço elevado em 10,6%, em ambos os casos o aumento do preço não estava diretamente relacionado ao tributo, que foi para cola normal 4,5% e o cola de baixa caloria 4,7%, demonstrando que diversos outros fatores atuam juntamente com o tributo.[360]

---

[358] A tabela compara a mudança esperada no preço resultante do imposto (puramente do imposto, e não contabilizando os custos indiretos do imposto) com as mudanças real de preço ocorridas. Sendo as seguintes legendas: alterações nas margens dos varejistas (R) e dos fabricantes (M) também são apresentadas; sem alteração (=), aumentada (f), diminuída (f) ou dados não disponíveis (?).
[359] Ibidem., p. 26.

O estudo realizado também avaliou o efeito na indústria, e indicou que houve substituição das fórmulas em busca da não incidência na tributação sendo que 40% dos pesquisados removeram completamente o ingrediente tributado ou diminuíram a quantidade do ingrediente tributado. Como exemplo da Hungria, que modificou imediatamente as bebidas energéticas para não serem tributadas. Mas isso não indicou que os produtos ficaram mais saudáveis, pois o novo material utilizado por vezes era pior, como no caso dos refrigerantes, para reduzir o adoçante, eram acrescidos de mais sódio.[361]

Visto, que houve repasse do tributo para o preço e o efeito da ordem fabril, passa-se a demonstrar o real objeto do presente trabalho que é a alteração do consumo, que no estudo europeu foi apresentado na tabela 02[362], onde demonstra a mudança nos preços e no consumo:

Changes in price and consumption changes of taxed products*

Country - Product taxed	Change in price	Change in consumption
DK - butter	2012: +13.1%, 2013: -9.5%	2012: -5.5%, 2013: +1.9%
DK - margarine	2012: +12.1%, 2013: -8.3%	2012: -8.2%, 2013: -0.4%
DK - cooking oils	2012: +17.7%, 2013: -11.2%	2012: -5.5%, 2013: -2.5%
DK - olive oil	2012: +4.3%, 2013: -0.3%	2012: +6.3%, 2013: +3.8%

[360] ECORYS, 2014. Op. cit., p. 28.
[361] Ibidem., p. 30.
[362] Ibidem., p. 34.

DK -vegetable oil	2012: +9.3%, 2013: -6.4%	2012: +3.2%, 2013: +3.7%
DK - cola	Demand changed out of the ordinary trend upon the changes in tax, decreasing following tax increases and increasing following tax reductions.	
DK juices	No changes visible from the trend in pricing behaviour in years of tax change.	No changes visible in initial years of tax changes. sing demand for more- taxed products after tax reduction.
DK - confectionery	2010: +8.4%, 2012: +7.5%, 2013: +2.0%	2010: -11.2%, 2012: -4.9%, 2013: -1.4%
DK - chocolate	2010: +0.6%, 2012: +4.4%, 2013: +1.7%	2010: -0.4%, 2012: -3.5%, 2013: -1.3%
FI - confectionery	2011: +14.8%, 2012: +6.0%, 2013: +2.9%	2011: -2.6%, 2012: -1.4%, 2013: -0.1%
FI - ice cream	2011: +15.7%, 2012: +4.9%, 2013: +2.9%	2011: -1.6%, 2012: -0.9%, 2013: +1.4%
FI - soft drinks	2011: +7.3%, 2012: +7.3%, 2013: +2.7%	2011: -0.7%, 2012: -3.1%, 2013: -0.9%
FR - regular cola	2012: +5.0%, 2013: +3.1%	2012: -3.3%, 2013: -3.4%
FR - low calorie cola	2012: +6.0%, 2013: +4.6%	2012: -3.0% 2013: -3.1%

FR - juices (1-99%)	2012: +5.3%, 2013: +3.9%	2012: -2.1%, 2013: -1.1%.
HU - confectionery	2011: +3.5%, 2012: +6.4%, 2013: +3.9%	2011: +0.3%, 2012: -0.7%, 2013: +0.2%
HU - chocolate	2011: +3.1%, 2012: +7.5%, 2013: +6.3%	2011: +1.3%, 2012: +0.3%, 2013: -0.1%
HU - cola	2011: +3.4%, 2012: +1.2%, 2013: +0.7%	2011: -2.7%, 2012: -7.5%, 2013: -6.0%
HU - juice <25% fruit	2011: +0.1%, 2012: +0.6%, 2013: +1.3%	2011: -2.0%, 2012: -2.0%, 2013: -4.4%
HU - energy drinks	2011: -0.7%, 2012: +1.0%, 2013: -1.9%	2011: +13.1%, 2012: -6.8% 2013: -6.6%
HU - salty snacks	2011: +6.3%, 2012: +5.4% 2013: +3.3%	2011: -7.6%, 2012: -6.2%, 2013: -0.6%

Tabela 02 Fonte: Ecorys

A análise dos dados, realizada pela Ecorys, observou que as mudanças na demanda estão, em quase todos os casos, fortemente correlacionadas com as mudanças de preços (sendo a Hungria a exceção), com um aumento no preço do produto coincidindo com uma diminuição na demanda. E a queda na demanda é na maioria dos casos proporcionalmente menor do que o aumento de preço, demonstrando a elasticidade dos produtos combatidos.

Mas a ocorrência do aumento do preço e a redução do consumo terem ocorrido no mesmo lapso temporal, não estabelece uma correlação exata de causalidade entre eles, pois a alteração do consumo ocorreu na ausência da intervenção tributária, como observável na Dinamarca, quando o tributo sobre os refrigerantes e sucos foi extinto em 2013, reduzindo o preço em 50% (média) o consumo permaneceu baixo, sentindo a elevação na demanda de apenas de 7,0% e 4,9%, respectivamente. E em 2005 e 2006, antes da implementação do regime tributário, houve um aumento significativo na demanda por refrigerantes de baixa caloria.

Outro exemplo de que a queda no consumo já existia antes do tributo é observável na Hungria, na qual a pesquisa indica uma queda na demanda de refrigerante de cola diminuiu 10,2%, e os sucos com <25% de fruta mostraram uma queda na demanda de 4%. Nos dois produtos, já estava ocorrendo uma queda na demanda antes da introdução do imposto, apesar de ter sofrido uma leve aceleração no declínio. Tendo a redução iniciada em 2007, ocorrendo a redução nos refrigerantes de 13,51% (período de 2007-2011, sem tributo) e de 15,1% (período de 2011-2013, com tributo) e quanto aos sucos foi de 22,92% (período de 2007-2011, sem tributo) e de 2,7% (período de 2011-2013, com tributo).

Redução do consumo que sofre o efeito da substituição, alteração do produto por outro, que pode ser tão ou mais prejudicial que o originalmente utilizado. Sendo observável no estudo da Ecorys a substituição para marcas menos famosas e de menor preço, apenas se o sabor não estiver conectado com a marca. Na Dinamarca, o imposto sobre gorduras saturadas, aplicado aos produtos lácteos (manteiga, margarina e gorduras para cozinhar), resultou em alguns consumidores substituindo por marcas mais baratas, ou em lojas de varejo mais em conta, a fim de continuar consumindo os produtos com alto teor de gordura. Na Hungria os consumidores mudam para produtos mais baratos. E de forma geral, nos impostos sobre bebidas adoçadas com açúcar, os consumidores que continuam a comprar os produtos tributados preferem permanecer com a mesma marca e mudar para varejistas com preços mais baratos. Na França os néctares açucarados e refrigerantes carbonatos sem marca significativa foi substituída por marcas mais baratas.

Outro problema indicado pela pesquisa, refere-se ao público alvo da tributação, sendo estabelecido pela pesquisa a incapacidade de aferir se a redução do consumo ocorreu sobre os grupos-alvo, que são os obesos, os diabéticos ou os hipertensos, pois a redução pode ter ocorrido sobre pessoas de boa condição física, que não possuíam grande correlação com o produto.[363] Consequentemente, não é possível aferir se houve alteração nos dados da saúde pública, pois houve pouco tempo para surtir reflexo, há o fenômeno da substituição, que não pôde ser aferido e há divergências acerca do método de cálculo dos efeitos à saúde.[364]

Dessa forma, em face aos estudos apresentados, tende a demonstrar a inviabilidade da redução do consumo de alimentos não saudáveis, por meio da elevação dos preços, pois se trata de um bem que é facilmente substituído, pode ser obtido de forma simples, o tributo não alcança de forma universal todos os alimentos consumidos e principalmente, não há correlação isolada entre os alimentos e a externalidade negativa combatida.

---

[363] Ibidem., p. 38.
[364] Ibidem., p. 34-47.

CONCLUSÃO

Conforme o apresentado, é inviável o tributo como instrumento de elevação artificial do preço para interferir no consumidor, no aspecto jurídico e na questão de eficiência, não devendo o Estado interferir nas escolhas individuais e mesmo realizando essa intervenção, há diversos meios mais eficientes para modificar o consumo.

Foi uma ferramenta muito utilizada no período que vigorava o Estado social, quando o paternalismo era pujante, período que recebeu grande parte da explicação doutrinária e legislativa. Contudo, esse período vem sendo superado pelo Estado democrático de direito, o qual estabelece como um dos princípios fundamentais, a inexistência de conceitos de formas de viver bem, ou seja, se uma pessoa entende que deve aproveitar de todas as beneficies da vida e em consequência desse estilo de vida, alcance a expectativa de vida de 60 anos, ou realize qualquer escolha, mesmo possuindo um ponto negativo. O Estado não pode interferir nessa escolha e ordenar um estilo de vida que venha a lhe privar de várias felicidades, para alcançar uma expectativa de vida maior ou de redução de um custo social.

O Governo pode realizar programas de conscientização e prestar melhores informações, como o sistema de semáforos nos alimentos. Mas não pode impedir a adoção de uma escolha, dentre as possíveis, pelo argumento de haver uma escolha que viabilizará o conceito de vida boa do governante. Pois com esse argumento concluiria que para evitar a propagação da Aids, o Estado deveria inviabilizar o relacionamento de pessoas que possuam a doença, pois assim a pessoa doente não transmitiria o vírus, ou como já ocorreu no passado do mundo, quando tributaram pessoas solteiras ou casais sem filho, pois a natalidade alavancaria a economia por ter mais mão de obra disponível.

E para alcançar os conceitos individuais da forma de viver bem, o livre mercado é o meio de obter seus desejos, pois atende aos desejos individuais de forma mais eficiente do que o Estado, pois o indivíduo possui mais conhecimento dos elementos para estabelecer a melhor escolha. Sendo que a melhor escolha, não é uma análise econômica em busca da melhor lucratividade possível, sendo consideradas como falhas de mercado na decisão, quando existe uma opção mais rentável e ela não é escolhida. Mas os sentimentos, os desejos e sonhos também são elementos para a tomada de decisão. Portanto, o Estado não pode interferir nas escolhas individuais, inclusive por meio dos tributos, os quais devem se restringir nessa área a responsabilizar as pessoas por suas escolhas, internalizando os custos sociais. Devendo a tributação ser equivalente ao custo social gerado, não podendo ser elevado ao ponto de inviabilizar a escolha, pois a não confiscatoriedade é uma decisão da sociedade, para que o Estado não intervenha nas escolhas individuais e consequentemente, a tributação deve ser progressiva, estabelecendo a correlação com objeto que causa o dano, como indicado, no caso do nível alcóolico.

O último princípio e mais importante, que a tributação deve observar é o da proporcionalidade, o qual deve ser sempre utilizado, mesmo se possível a intervenção estatal na autonomia individual. Pois com ele se analisará aos efeitos que se terá com a tributação e se existe efetividade na medida adotada, caso não o seja, e no caso em tela, o argumento é falacioso e busca enganar a população, pois invoca discurso moralmente aceitável e/ou contra minorias.

Em vista disso, é que se elenca a existência de um mundo onde consumir é mais fácil (fácil acesso às mercadorias, baixo custo, entregas mundiais), a sociedade é induzida ao consumo como forma de identificação e o consumo tem se tornado um prazer em si, tudo isso estabelecido em uma sociedade que se busca a experiência máxima e em um momento imediato, havendo a busca pela satisfação completa no agora. O que torna esquizofrênica a busca de planejar o futuro.

A constatação de que o consumidor não é um ser dotado unicamente de um raciocínio econômico e de pura racionalidade matemática em busca da maior lucratividade, coaduna na constatação da existência de fatores sociais e pessoais interferindo em todas as ações de consumo. Sendo observável os fenômenos da utilização de mensagem subliminar, da tendência à inércia, o poder do hábito, a busca pela satisfação imediata e a filtragem colaborativa das escolhas. Fenômenos que influenciam as pessoas no consumo e são meios alternativos à tributação, tanto pela possibilidade de maior efetividade, mas principalmente pela inexistência do custo para o contribuinte, que deve ser evitado.

Outra observação é quando da aplicação do tributo, vários elementos concorrem para a definição do consumo e o principal deles é o produto ser inelástico, o qual gera efeitos fora da racionalidade de eficiência econômica, como a compra transfronteiriça, a possibilidade de substituição do produto, se é um bem de ostentação ou se há alguma afetividade da marca. Todos esses elementos possuem um grau de interferência, que reduz a efetividade da função extrafiscal do tributo. Elementos de interferência mais fortes do que a tributação, quando o que se busca é diminuir a quantidade de um bem, como o cigarro e as bebidas alcoólicas, pois são bens facilmente substituíveis.

Em face da análise dos dados uma conclusão deve ser estabelecida, que é a existência de diversos outros fatores que influenciam o consumidor com mais efetividade e que o preço não foi objeto causador de interferência no consumo.

Um problema específico da tributação dos alimentos que fazem mal à saúde é a dificuldade em fazer a correlação exata do problema com a causa, pois atualmente, tributa-se apenas os alimentos industrializados e *fast foods*, mas esses não provocam isoladamente as doenças, pois o causador também é e em grande proporção o sedentarismo e comidas que estão fora do processamento fabril, pois diariamente um pessoa pode comer toucinho de porco, feijoada, panelada e vários outros alimentos de origem caseira, mas que geram os mesmos problemas. Uma solução ofertada seria a tributação na fonte de todos os produtos de acordo com o nível calórico ou energético, mas o número de variáveis é tamanho, que inviabiliza a aplicação do tributo, pois deve ser avaliada a necessidade individual de cada pessoa para indicar quantas calorias uma pessoa necessita por dia e difere de pessoa para pessoa, utilizando o exemplo os trabalhadores braçais que necessitam de grande ingestão de calorias e de alimentos energéticos, sendo os que necessitam de maior alimentação são normalmente trabalhadores com menores rendas, o que tornaria um tributo regressivo.

Portanto, o preço elevado pelo tributo interfere de forma insatisfatória no consumidor, pois o mal que se busca combater, que são os danos à saúde e os custos sociais gerados pelo consumo de bebidas alcoólicas, derivados de tabaco e alimentos gordurosos, não são reduzidos ou em nível considerável para que haja a aplicação do tributo, tornando-o meio inviável, no âmbito jurídico e fático, para intervir no consumo.

Mas essa conclusão gera o início do verdadeiro problema, pois não há um meio fácil de cancelar esse tributo elevado, pois o argumento de existir alguma eficácia, mesmo que mínima, é defendida acima de todo o mal causado pelos tributos e para o governante, a mínima dúvida é conveniente para fundamentar uma arreação extremamente elevada.

REFERÊNCIAS BIBLIOGRÁFICAS

ALEMANNO, Alberto; SIBONY, Anne-Lise. **Nudge and the law**: a European perspective with a foreword by Cass Sunstein. Oregon: Hart Publishing, 2015.

ATALIBA, Geraldo. **Apontamentos de ciência das finanças, direito financeiro e direito tributário**. São Paulo: Revista dos Tribunais, 1969.

BALEEIRO, Aliomar. **Direito tributário brasileiro**. 11ª ed. Rio de Janeiro: Forense, 2003.

BARROSO, Luís Roberto. A razão sem voto: o Supremo Tribunal Federal e o governo da maioria. In: **Revista brasileira de políticas públicas**. Brasília, v. 5, Número Especial, p. 23-50, 2015.

BAUDRILLARD, Jean. **A sociedade de consumo**. Lisboa: EDIÇÕES 70, 2007.

BAUMAN, Zygmunt. **Vida para consumo**: a transformação das pessoas em mercadoria. Rio de Janeiro: Zahar, 2008.

BECKER, Alfredo Augusto. **Teoria geral do direito tributário**. 3. ed. São Paulo: Lejus, 1998.

BECK, Marcio. **Com produção estável, arrecadação de impostos sobre cerveja sobe quase 50% em três anos**. O Globo. 25.jul.2013. Disponível em: <https://oglobo.globo.com/economia/com-producao-estavel-arrecadacao-de-impostos-sobre-cerveja-sobe-quase-50-em-tres-anos-9164474> Acesso em 24.nov.2017.

BRASIL, IBGE. **PENSE 2015**: 55,5% dos estudantes já consumiram bebida alcoólica e 9,0% experimentaram drogas ilícitas. 26.ago.2016. Disponível em: <https://agenciadenoticias.ibge.gov.br/agencia-sala-de-imprensa/2013-agencia-de-noticias/releases/9501-pense-2015-55-5-dos-studantes-ja-consumiram-bebida-alcoolica-e-9-0-experimentaram-drogas-ilicitas.html>, acesso em: 12.nov.2017.

BOBBIO, Norberto. **Da estrutura à função**: novos estudos de teoria do direito: tradução de Daniela Beccaccia Versiani. Barueri, São Paulo: Manole, 2007.

BOBBIO, Norberto, **Liberalismo e democracia**; tradução Marco Aurélio Nogueira. Brasiliense, 2000.

BOWLES, Samuel. **The moral economy**: why good incentives are no substitute for good citizens. New Haven: Yale University Press. 2016.

BRUNI, Adriano Leal. **Gestão de custos e formação de preços**: com aplicações na calculadora HP 12C e Excel. 6. ed. São Paulo: Atlas, 2012.

BUONOMANO, Dean. **O cérebro imperfeito**: como as limitações do cérebro condicionam as nossas vidas. tradução Leonardo Abramowicz. Rio de Janeiro: Elsevier, 2011.

CALIENDO, Paulo. Tributação e ordem econômica: os tributos podem ser utilizados como instrumentos de indução econômica? In: **Rev. direitos fundam. democ.**, v. 20, n. 20, p. 193-234, jul./dez. 2016.

CALIENDO, Paulo; COSTA-SILVA, Bruno. Direito à saúde, alimentação saudável e extrafiscalidade. Revista de Direito do Consumidor. São Paulo: **Revista Dos Tribunais**, v.25 n.108. p. 191 a 210. 2018.

CAMPO, Pilar. **¿Reduciría el consumo de alcohol una subida del precio de la bebida?** 07.ago.2018 Disponível em: <https://www.lavozdeasturias.es/noticia/asturias/2018/05/06/red uciria-consumo-alcohol-subiera-precio-bebida/00031525626672140549953.htm>. Acesso em: 14.ago.2018.

CARVALHO, Paulo de Barros. **Direito tributário, linguagem e método**. São Paulo: Noeses, 2008.

CATARINO, João Ricardo. **Redistribuição tributária**: Estado social e escolha individual. Coimbra: Almedina, 2008.

CAVALCANTE, Denise Lucena. Os reflexos da tributação ambiental na política nacional de resíduos sólidos no Brasil.

Revista direito à sustentabilidade. Vol. 1. n81. Cascavél: Unioeste. 2014.

CAVALCANTE, Denise Lucena; HOLANDA, Fábio Campelo Conrado de. Relações de consumo e transparência fiscal: o descaso em relação à Lei 12.741/2012. In: **Revista de direito internacional econômico e tributário**, v. 12, p. 246, 2017

COASE, Ronald Harry. **A firma, o mercado e o direito**. tradução: Heloisa Gonçalves Barbosa; Francisco Niclós Negrão. Rio de Janeiro: Ed. Forense Universitária. 2016.

COÊLHO, Sacha Calmon Navarro, **Curso de direito tributário brasileiro** 11ª ed. Rio de Janeiro: Forense 2010.

CORREIA NETO, Celso de Barros. **O avesso do tributo**: incentivos e renúncias fiscais no direito brasileiro, Tese apresentada à Faculdade de Direito da universidade de São Paulo, 2012.

DE GODOI, Marciano Seabra. Extrafiscalidad y sus limites constitucionales. In: **Revista internacional de direito tributário**, Belo Horizonte, v. 1, n. 1, p. 219-262, jan./jun. 2004.

DEODATO, Alberto. **As funções extra-fiscais do impôsto**, Tese apresentada à Faculdade de Direito da universidade de Minas Gerais para concurso de professor catedrático de Ciência das Finanças, s.l., 1949.

DONÁRIO, Arlindo Alegre; SANTOS, Ricardo Borges dos. **As elasticidades**. Lisboa: CARS. 2015. Disponível em: <http://hdl.handle.net/11144/3166>. Acesso em: 20.nov.2017.

DONÁRIO, Arlindo Alegre; SANTOS, Ricardo Borges dos. **A procura e a oferta**. Lisboa: CARS. 2015. Disponível em: <http://hdl.handle.net/11144/3188>. Acesso em: 20.nov.2017.

DUHIGG, Charles. **O poder do hábito**: por que fazemos o que fazemos na vida e nos negócios. Tradução: Rafael Mantovani. Rio de janeiro: Objetiva, 2012.

DWORKIN, Ronald. **Levando os direitos a sério.** São Paulo: Martins Fontes, 2002.

DWORKIN, Ronald. **Uma questão de princípio**. Tradução: Luís Carlos Borges. São Paulo: Martins Fontes, 2000.

Especialistas defendem elevação de tributo para conter consumo de álcool: Bebidas alcoólicas são consumidas por 49,8% dos brasileiros. Correio do Povo. 28.dez.2015. Disponível em: <http://correiodopovo.com.br/Noticias/550172/Especialistas-defendem-elevacao-de-tributo-para-conter-consumo-de-alcool>. Acesso em: 24.jul.2018.

Eu Robô, Direção de Alex Proyas. Produção de Laurence Mark e John Davis. 20th Century Fox, 2004. DVD.

ESTURILIO, Regiane Binhara. **Seletividade no IPI e no ICMS**. São Paulo: Quartier Latin. 2008.

FARIA, José Eduardo. **Eficácia jurídica e violência simbólica**: o Direito como Instrumento de Transformação Social. São Paulo: Editora Universidade de São Paulo, 1988.

FERNANDES, Simone Lemos. **Contribuições neocorporativas na constituição e nas leis.** Belo Horizonte: Del Rey, 2005.

FLEISCHACKER, Samuel. **Uma breve história da justiça distributiva**. Tradução: Álvaro De Vita. São Paulo: Martins Fontes, 2006.

Food taxes and their impact on competitiveness in the agri-food sector. ECORYS Nederland BV. Rotterdam. 14.jul.2014. Disponível em: <https://www.ecorys.com/news/food-taxes-reduce-consumption-products-high-sugar-salt-and-fat>. Acesso em:10.jul.2018.

FRANCO, Gustavo H. B. **A economia em Machado de Assis**. o olhar oblíquo do acionista. Rio de Janeiro: Jorge Zahar, 2007.

FREITAS, Juarez. **Estudos de direito administrativo**. 2. ed. São Paulo: Malheiros, 1997.

FREITAS, Juarez. **O Controle dos atos administrativos e os princípios fundamentais**. 2. ed. São Paulo: Malheiros, 1999.

FREITAS, Juarez. O tributo e o desenvolvimento sustentável. In: **Novos estudos jurídicos** (UNIVALI), v. 21, p. 825-845, **2016.**

FREITAS, Juarez. **Sustentabilidade**: direito ao futuro. 2. ed. Belo Horizonte: Fórum, 2012.

FREITAS, Juarez; MOREIRA, R. M. C. . Sustentabilidade e proporcionalidade: proposta de inserção do critério de legitimidade intertemporal. In: **Interesse Público**. Belo Horizonte: v. 108, p. 15-39, 2018.

FREITAS, Tatiana. **Crescimento da renda faz crescer a procura por bebidas destiladas.** Folha de São Paulo. 14.set.2014.   Disponível   em: <http://gazetaweb.globo.com/gazetadealagoas/noticia.php?c=25 2377> acesso em: 14.nov.2017.

GIKOVATE, Flávio. **Mudar**: caminhos para a transformação verdadeira. São Paulo: MG Editores, 2014.

GOUVÊA, Marcus de Freitas. **A extrafiscalidade no direito tributário**. Belo Horizonte: Del Rey, 2006.

GONÇALO, Sousa. Estratégia Digital. **A influência da Internet nas decisões de compra**. 18.jun.2013. Disponível em <http://www.estrategiadigital.pt/a-influencia-da-internet-nas-decisoes-de-compra/> Acesso em: 24.nov.2017.

GOULART, Frederico. Impostos altos levam a redução de consumo de cigarro no Brasil**. O Globo**. 30.maio.2014. Disponível em:<https://oglobo.globo.com/sociedade/saude/impostos-altos-levam-reducao-de-consumo-de-cigarro-no-brasil-12661552>. Acesso em: 27.jul.2018.

GRECO, Marco Aurélio. **Contribuições**: uma figura "sui generis". São Paulo: Dialética, 2000.

GURVITCH, G. **Études les classes sociales**. Paris: Gauthier-Villars, 1966.

HAYEK, F.A. **O caminho da servidão**. 6ª ed. São Paulo: Instituto Ludwig von Mises Brasil. 2010.

HARARI, Yuval Noah. **Sapiens**: uma breve história da humanidade. Tradução: Janaína Marcoantonio. São Paulo: L&PM, 2018.

HOLANDA, Fábio Campelo Conrado de; VIANA, J. L. . Indução de comportamentos (neurolaw): obsolescência programada na sociedade pós-moderna e uma reflexão sobre as relações de consumo. In: **Revista Argumentum** (UNIMAR), v. 19, p. 111-127, Jan.-Abr. 2018.

HOLMES; Stephen; SUNSTEIN, Cass R. **The cost of rights**: why liberty depends on taxes? New York: WW. Norton & Company, 1999.

IGLESIAS, Roberto. **Análise da situação atual em matéria de preço e impostos do cigarro**. ACT BR. 2008. Disponível em: < http://blog.actbr.org.br/noticias/precos-e-impostos-sobre-cigarros/81>. Acesso em: 25.jul.2018.

KAHNEMAN, Daniel. **Rápido e devagar**: duas formas de pensar. Tradução: Cássio de Arantes Leite. Rio de Janeiro: Objetiva, 2012.

KARSAKLIAN, Eliane. **Comportamento do consumidor**. 2ª ed. São Paulo. Atlas, 2008.

LEIFERT, R. M. **Análise dos efeitos de um imposto sobre alimentos engordativos no mercado brasileiro**. 2013. 71.f. Dissertação (Mestrado) - Faculdade de Economia, Administração e Contabilidade de Ribeirão Preto, Universidade de São Paulo, Ribeirão Preto, 2013.

LEONARDI, Ana Carolina. **Beber só um pouquinho ajuda o cérebro a "fazer faxina"**. Revista Super Interessante. 27.ago.2018. Disponível em: <https://www.msn.com/pt-br/saude/medicina/beber-só-um-pouquinho-ajuda-o-cérebro-a-"fazer-faxina"/ar-BBMoqCr?ocid=spartanntp>. Acesso em: 27.ago.2018.

LINDSTROM, Martin. **A Lógica do consumo**: verdades e mentiras sobre o que compramos. Rio de Janeiro: Nova Fronteira, 2009.

LIPOVETSKY, Gilles. **A felicidade paradoxal**: ensaio sobre a sociedade do supercapitalismo. Trad. Maria Lúcia Machado. São Paulo: Companhia das Letras. 2008.

LUISA, Ingrid. Comer grilos pode fazer bem à saúde, diz estudo. **Revista super interessante**. Publicado em: 28.ago.2018. Disponível em: < https://www.msn.com/pt-br/saude/nutricao/comer-grilos-pode-fazer-bem-à-saúde-diz-estudo/ar-BBMlHPR> Acesso em: 28.ago.2018.

MACHADO, Hugo de Brito. Carga tributária e gasto público: propaganda e terceirização. In: **Revista jurídica da faculdade 7 de setembro**, Fortaleza: v. 3, p. 107-117, 2006.

MACHADO, Hugo de Brito. Progressividade e socialismo. In: **Jornal Zero Hora**. 18.ago.1998.

MACHADO, Hugo de Brito. **Os princípios jurídicos da tributação na Constituição de 1988**. São Paulo: Dialética. 2004.

MACHADO SEGUNDO, Hugo De Brito. Ciência do direito tributário, economia comportamental e extrafiscalidade. In: **Revista Brasileira de Políticas Públicas**, v. 8, p. 640-659, 2018.

MARQUES, Cláudia Lima. A proteção do consumidor em um mundo globalizado: atudium generale sobre o consumidor como homo novus. In: **Revista de direito do consumidor**, v.85, 2013.

MARTINS, Américo. **Imposto sobre açúcar em refrigerantes já é um sucesso no Reino Unido**. 10.abr.2018 Disponível em: <http://www.novastecnologiass.com/imposto-sobre-acucar-em-refrigerantes-ja-e-um-sucesso-no-reino-unido-10-04-2018-americo-martins/>. Acesso em: 10.set.2018.

MEIRELLES, Hely Lopes. **Direito municipal brasileiro**. 6. ed. São Paulo: Editora Malheiros, 1993.

MILL, John Stuart. **Princípios de economia política:** com algumas de suas aplicações à filosofia social; tradução de Luiz João Baraúna. São Paulo: Nova Cultural. V. 2. 1996.

MILL, John Stuart. **Sobre a liberdade;** tradução: Alberto da Rocha Barros. 2. ed. Petrópolis: Vozes, 1991.

MLODINOW, Leonard. **Subliminar:** como o inconsciente influencia nossas vidas. RJ: Zahar, 2013.

MOREIRA, Armando R. G.. Estado democrático de direito: autonomia individual e auxílio social pela tributação. In: João Luis Nogueira Matias. (Org.). **Relações Privadas, direitos humanos e desenvolvimento nos 30 anos da Constituição.** Fortaleza: Mucuripe, p. 162-173., 2018.

MUSGRAVE, Richard A.. **Teoria das finanças públicas**: Um Estudo de Economia Governamental. Trad: Auriphebo Berrance Simões. Vol 1. São Paulo: Atlas, 1973.

NABAIS, José Casalta. **O dever fundamental de pagar impostos**. Coimbra: Almedina, 1998.

NABAIS, José Casalta. Solidariedade Social, Cidadania e Direito Fiscal. In: **Solidariedade Social e Tributação.** GRECCO, Marco Aurélio; GODOI, Marciano Seabra de (CDords.). São Paulo: Dialética, 2005.

NASCIMENTO, Rodrigo Zingales Oller do. **As políticas públicas antitabagistas e os efeitos à competição no mercado brasileiro de cigarro**: uma análise crítica para debate. Dissertação (mestrado profissional em Finanças Econômicas). São Paulo: Fundação Carlos Chagas, 2012.

NEIVA, Leonardo. **Estratégia de redução de danos no consumo de álcool deve ser individual.** Folha de São Paulo. 23.ago.2017. Disponível em: < https://www1.folha.uol.com.br/seminariosfolha/2017/08/191231 4-estrategia-de-reducao-de-danos-no-consumo-de-alcool-deve-ser-individual.shtml>. Acesso em: 25.ago.2018.

NELSON, Rocco Antonio Rangel Rosso. Das tipologias de intervenção do Estado Brasileiro na economia. In: **Revista de Direito Constitucional e Internacional**. São Paulo: Revista dos Tribunais. p. 59 a 81. v.24 n.98, 2016.

Nem uma taça de vinho por dia, recomenda estudo. Jornal Diário do Nordeste. 28.ago.2018. Disponível em: <http://diariodonordeste.verdesmares.com.br/editorias/verso/onl ine/nem-uma-taca-de-vinho-por-dia-recomenda-estudo-1.1991536> Acesso em: 28.ago.2018.

NEUMANN, Teodoro Ribera. Tributos manifiestamente desproporcionados o injustos: aspectos relevantes de la jurisprudencia constitucional. In: **Revista chilena de derecho**, Número Especial, p. 237-248, 1998. Disponível em: <https://heinonline.org/HOL/Page?handle=hein.journals/rechild e4199&div=31&start_page=237&collection=journals&set_as_c ursor=0&men_tab=srchresults >. Acesso em: 15.nov.2017.

NEVES, Keila do Carmo Neves; TEXEIRA, Maria Luiza de Oliveira; FERREIRA, Márcia de Assunção. Fatores e motivação para o consumo de bebidas alcoólicas na adolescência. In: **Escola Anna Nery revista de enfermagem.** n 19(2) Abr-Jun 2015. Disponível em: <http://www.scielo.br/pdf/ean/v19n2/1414-8145-ean-19-02-0286.pdf>. Acesso em: 13.nov.2017.

PISCITELLI, T. S.. **Argumentando pelas consequências no direito tributário**. 1. ed. São Paulo: Noeses, 2011.

PIGOU, A. Cecil. **The Economics of Welfare**. London: MacMillan, 1962.

PIMENTA, Daniel de Magalhares. Limitações à extrafiscalidade aplicáveis ao fator acidentário de prevenção. In: **FAP, Revista brasileira de políticas públicas**, v.6, nº1, p.83-104, 2016. Disponível em: <https://heinonline.org/HOL/Page?handle=hein.journals/brazjpp 6&div=10&start_page=84&collection=journals&set_as_cursor= 0&men_tab=srchresults >. Acesso em: 22.set.2017.

Porque aumentar preços e impostos factsheet. Associação Contra o Tabagismo Brasileira. 2008. Disponível em: <http://www.actbr.org.br/uploads/arquivo/643_Porque_aumenta r_precos_e_impostos_factsheet.pdf>. Acesso em: 16.ago.2018.

POSNER, Richard A. **Direito, pragmatismo e democracia**. tradução Teresa Dias Carneiro; Rio de Janeiro: Forense, 2010.

PRATA, Rafael. **O glamour da fumaça:** o cigarro no cinema hollywoodiano. s.l. Disponível em: <http://cinemadahistoria.blogspot.com/2013/02/o-glamour-da-fumaca-o-cigarro-no-cinema.html>. Acesso em: 28.ago.2018.

QUIROGA, Roberto. Tributação e política fiscal. In: **Segurança jurídica na tributação e estado de direito**. São Paulo: Noeses, 2005.

RAWLS, John. **Justiça e democracia**. São Paulo: Martins Fontes, 2000.

RAWLS, John. Uma Teoria da Justiça. In: BORGES FILHO, Nilson. **Direito, Estado, política e sociedade em transformação**. Porto Alegre: Fabris, 1995.

Receita reajusta imposto para bebidas alcoólicas em 30%. Revista época. 07.ago.2008. Disponível em: <http://revistaepoca.globo.com/Revista/Epoca/0,,EMI9946-15261,00-RECEITA+REAJUSTA+IMPOSTO+PARA+BEBIDAS+ALCOOLICAS+EM.html>. Acesso em: 25.ago.2018

REICH, Robert B.. **Supercapitalismo**: como o capitalismo tem transformado os negócios, a democracia e o cotidiano. Rio de Janeiro: Elsevier: Campus, 2008.

Resultados tabagismo 2016. Associação Contra o Tabagismo Brasileira. 2016. Disponível em: <http://actbr.org.br/uploads/arquivo/1171_Lancamento-resultados-tabagismo-2016.pdf>. Acesso em: 16.ago.2018.

RIDLEY, Matt. **O otimista racional**: porque o mundo melhora. Tradução de Ana Maria Mandim. Rio de Janeiro: Record. 2014.

RODRIGUES JUNIOR, Otavio Luiz. Autonomia da vontade, autonomia privada e autodeterminação: notas sobre a evolução de um conceito na modernidade e na pós-modernidade. In: **Revista de Informação Legislativa**, Brasília, v. 163, p. 113-130, 2004.

SANTOS, Marta Costa; CORDEIRO, Francisca Robalo. **A introdução das fat taxes em portugal**: Algumas Considerações Estudos 1, Coimbra: Cedipre, 2016. Disponível em: <http://www.cedipre.fd.uc.pt/observatorio>. Acesso em: 05.maio.2018.

SCHAUER, Frederick F. **The force of law**. London, England: Havard University Press, 2015.

SCHOUERI, Luis Eduardo. **Normas tributárias indutoras e intervenção econômica**. Rio de Janeiro: Forense, 2005.

SEN, Amartya. **Sobre ética e economia.** trad. Laura Teixeira Motta. São Paulo: Companhia das Letras, 2000.

SILVA, Daniel Cavalcante. A finalidade extrafiscal do tributo e as políticas públicas no Brasil. In: **Brazilian journal of international law,** Brasília, v.4, n, 1, p. 98-122, jan/jul. 2007. Disponível em: <https://heinonline.org/HOL/Page?handle=hein.journals/brazintl 4&start_page=98&collection=journals&id=98>. Acesso em: 21.set.2017.

SIQUEIRA, Natércia Sampaio. **Tributo, mercado e neutralidade no estado democrático de direito**. Rio de Janeiro: Lumen Juris, 2012.

SILVA, S. É. D.; PADILHA, M. I. **O alcoolismo na história de vida de adolescentes:** uma análise à luz das representações sociais. Texto Contexto Enferm, v. 22, n. 3, p. 576-84, 2013.

SMITH, Adam. **A riqueza das nações.** Tradução de Luiz João Baraúna São Paulo: Editora Nova Cultural Ltda. Vol. II, 1996.

SOUZA FILHO, Francisco Joaquim Branco de; SILVA, Tagore Trajano de Almeida. Créditos de carbono e a extrafiscalidade: uma saída para o desenvolvimento sustentável no Brasil. In: **Revista jurídica UNI7**, Fortaleza, v. 14, n. 1, p. 59-71, jan./jun. 2017.

SPARKS, Jan. **France to impose fat tax on sugary drinks such as Coca-Cola and Fanta.** Mail Online News. França: 06.jun.2011. Disponível em:

<https://www.dailymail.co.uk/news/article-2045980/France-impose-fat-tax-sugary-drinks-Coca-Cola-Fanta.html?br=ro&=&>. Acesso em: 15.ago.2018.

SUNSTEIN, Cass R.; THALER, Richard H. **Nudge**: improving decisions about health, wealth, and happiness. Estados Unidos da America: Yale University Press New Haven & London, 2008.

SUNSTEIN, Cass R. **Why nudge?**: the politics of libertarian paternalism. Estados Unidos da America: Yale University Press New Haven & London, 2014.

Taxas sobre produtos com alto teor de sal e açúcar afectam consumo e PME. Observatório dos Mercados Agrícolas e das Importações Agro-Alimentares. Portugal. Disponível em: <http://www.observatorioagricola.pt/noticia.asp?id_noticias=20 14>. Acesso em: 15.ago.2018.

TAUBER, Edward M. Why do people shop? In: **Jornal of marketing**, v. 36, out. 1972.

TOMKOWSKI, Fábio Goulart. **Direito tributário e heurísticas**. São Paulo: Almedina, 2017.

VALLGARDA Smed.; HOLM L.; JENSEN JD. **The danish tax on saturated fat**: why it did not survive. Dinamarca: University of Copenhagen, 2014. Disponível em: <https://www.nature.com/articles/ejcn2014224#rightslink>. Acesso em: 16.ago.2018.

VASQUES, Sérgio. **Os impostos do pecado**: o álcool, o tabaco, o jogo e o fisco. Coimbra: Almedina, 1999.

VASQUES, Sérgio; PEREIRA, Tânia Carvalhais. **Impostos especiais de consumo**. Coimbra: Almedina, 2016.

VILLALOBOS, Luís. Governo quer nova taxa em produtos com alto teor de açúcar ou de sal. **Público**. Portugal: 16.abr.2014. Disponível em: <https://www.publico.pt/2014/04/16/economia/noticia/governo-quer-taxar-produtos-como-os-que-contem-alto-teor-de-acucar-e-de-sal-1632421>. Acesso em: 15.ago.2018.

VISCUSI, W. K. Cigarette Taxation and the Social Consequences of Smoking. In: **National bureau of economic research**, 1994. Disponível em: http://www.nber.org/papers/w4891. Acesso em: 06.jun.2018.

WHO (World Health Organization). **Framework convention on tobacco control** (Convenção-Quadro). Geneva: WHO, 2005a. Disponível em: <http://www.who.int/fctc/text_download/en/index.html> Acesso em: 20.set.2018.

WHO (World Health Organization). **Parties' reporting timeline in the initial period of 2007**-2011. Geneva: WHO, 2011. Disponível em: <http://www.who.int/fctc/reporting/who_fctc_party_reporting_ti meline/en/index.html> Acesso em: 01.set.2018.

YARAK, Aretha. **Consumo frequente de álcool cresceu 20% nos últimos seis anos**. Revista Veja. 10.abr.2013. Disponível em: <http://veja.abril.com.br/saude/consumo-frequente-de-alcool-cresceu-20-nos-ultimos-seis-anos/>. Acesso em: 12.nov.2017.

www.ingramcontent.com/pod-product-compliance
Lightning Source LLC
Chambersburg PA
CBHW070545220526
45467CB00003B/1066